中华精神家园

杰出人物

思想宗师

先贤思想与智慧精华

肖东发 主编　刘文英 编著

中国出版集团

现代出版社

图书在版编目（CIP）数据

思想宗师 / 刘文英编著. — 北京：现代出版社，
2014.11（2020.01重印）
　（中华精神家园丛书）
　ISBN 978-7-5143-2718-2

　Ⅰ．①思… Ⅱ．①刘… Ⅲ．①思想家－生平事迹－中
国－古代 Ⅳ．①B2

中国版本图书馆CIP数据核字(2014)第259252号

思想宗师：先贤思想与智慧精华

总 策 划：陈 恕
主　　编：肖东发
作　　者：刘文英
责任编辑：王敬一
出版发行：现代出版社
通信地址：北京市定安门外安华里504号
邮政编码：100011
电　　话：010-64267325 64245264（传真）
网　　址：www.1980xd.com
电子邮箱：xiandai@cnpitc.com.cn
印　　刷：山东省东营市新华印刷厂
开　　本：710mm×1000mm 1/16
印　　张：11
版　　次：2015年4月第1版　2020年1月第3次印刷
书　　号：ISBN 978-7-5143-2718-2
定　　价：40.00元

　　党的十八大报告指出："文化是民族的血脉，是人民的精神家园。全面建成小康社会，实现中华民族伟大复兴，必须推动社会主义文化大发展大繁荣，兴起社会主义文化建设新高潮，提高国家文化软实力，发挥文化引领风尚、教育人民、服务社会、推动发展的作用。"

　　我国经过改革开放的历程，推进了民族振兴、国家富强、人民幸福的中国梦，推进了伟大复兴的历史进程。文化是立国之根，实现中国梦也是我国文化实现伟大复兴的过程，并最终体现为文化的发展繁荣。习近平指出，博大精深的中国优秀传统文化是我们在世界文化激荡中站稳脚跟的根基。中华文化源远流长，积淀着中华民族最深层的精神追求，代表着中华民族独特的精神标识，为中华民族生生不息、发展壮大提供了丰厚滋养。我们要认识中华文化的独特创造、价值理念、鲜明特色，增强文化自信和价值自信。

　　如今，我们正处在改革开放攻坚和经济发展的转型时期，面对世界各国形形色色的文化现象，面对各种眼花缭乱的现代传媒，我们要坚持文化自信，古为今用、洋为中用、推陈出新，有鉴别地加以对待，有扬弃地予以继承，传承和升华中华优秀传统文化，发展中国特色社会主义文化，增强国家文化软实力。

　　浩浩历史长河，熊熊文明薪火，中华文化源远流长，滚滚黄河、滔滔长江，是最直接的源头，这两大文化浪涛经过千百年冲刷洗礼和不断交流、融合以及沉淀，最终形成了求同存异、兼收并蓄的辉煌灿烂的中华文明，也是世界上唯一绵延不绝而从没中断的古老文化，并始终充满了生机与活力。

　　中华文化曾是东方文化摇篮，也是推动世界文明不断前行的动力之一。早在500年前，中华文化的四大发明催生了欧洲文艺复兴运动和地理大发现。中国四大发明先后传到西方，对于促进西方工业社会的形成和发展，曾起到了重要作用。

　　中华文化的力量，已经深深熔铸到我们的生命力、创造力和凝聚力中，是我们民族的基因。中华民族的精神，也已深深植根于绵延数千年的优秀文化传统之中，是我们的精神家园。

　　总之，中华文化博大精深，是中国各族人民五千年来创造、传承下来的物质文明和精神文明的总和，其内容包罗万象，浩若星汉，具有很强的文化纵深，蕴含丰富宝藏。我们要实现中华文化伟大复兴，首先要站在传统文化前沿，薪火相传，一脉相承，弘扬和发展五千年来优秀的、光明的、先进的、科学的、文明的和自豪的文化现象，融合古今中外一切文化精华，构建具有中国特色的现代民族文化，向世界和未来展示中华民族的文化力量、文化价值、文化形态与文化风采。

　　为此，在有关专家指导下，我们收集整理了大量古今资料和最新研究成果，特别编撰了本套大型书系。主要包括独具特色的语言文字、浩如烟海的文化典籍、名扬世界的科技工艺、异彩纷呈的文学艺术、充满智慧的中国哲学、完备而深刻的伦理道德、古风古韵的建筑遗存、深具内涵的自然名胜、悠久传承的历史文明，还有各具特色又相互交融的地域文化和民族文化等，充分显示了中华民族的厚重文化底蕴和强大民族凝聚力，具有极强的系统性、广博性和规模性。

　　本套书系的特点是全景展现，纵横捭阖，内容采取讲故事的方式进行叙述，语言通俗，明白晓畅，图文并茂，形象直观，古风古韵，格调高雅，具有很强的可读性、欣赏性、知识性和延伸性，能够让广大读者全面接触和感受中国文化的丰富内涵，增强中华儿女民族自尊心和文化自豪感，并能很好继承和弘扬中国文化，创造未来中国特色的先进民族文化。

　　　　　　　　　　　　　　　　　　　　　　　　　　青东发

　　　　　　　　　　　　　　　　　　　　　　　2014年4月18日

上古时期——古圣先贤

中古时期——思想大哲

近古时期——通儒大师

近世时期——哲学巨人

春秋战国是我国历史上的上古时期，各种思想流派纷呈，如道家、儒家、墨家等，被史学界称为"百家争鸣"。这些思想流派，精彩展示了我国历史上第一次思想大解放，全面体现了新兴地主阶级和没落奴隶主之间的思想斗争，深刻反映了当时政治斗争的激烈与复杂。

　　在这个思想发展史上的重要阶级，形成了我国传统文化体系，奠定了整个封建时代文化基础，对我国古代文化影响深刻。

古圣先贤

道家学派创始人老子

老子（约前570—前471），姓李名耳，字伯阳。生于楚国苦县历乡曲仁里，即今河南省鹿邑县太清宫镇。谥号"聃"。

老子是我国最伟大的哲学家和思想家，道家学派创始人，被唐朝帝王追认为李姓始祖。被道教尊为教祖，被称为世界文化名人。

老子存世著作有《道德经》，又称《老子》，其作品的精华是朴素的辩证法，主张无为而治，其学说对我国乃至世界哲学发展具有深刻影响。

■ 世界文化名人老子画像

孔子问礼老子图

老子刚一出生，他的相貌就与常人不同，前额宽阔，耳垂丰厚。人们都认为耳垂大的人有福能长寿，他的父亲就干脆给他起名叫李耳。

少年时代的老子，勤奋好学，阅读了各种古典书籍，懂得了很多道理。而且遇事好动脑筋，好提出疑问，肯往深处想，所以他很快便成为当地一个小有名气的人，受到人们的尊敬。

老子20岁以后，就到京城管理图书文献。在这里老子有了充裕的时间和宽松的环境可以博览群书，他如饥似渴地拼命阅读，孜孜不倦地刻苦钻研，逐渐成为京城乃至各诸侯国都知名的大学问家，很多人都来请教他。

一天，孔子不辞辛苦地来拜访他，说要向他学习礼节。

老子告诉孔子不要刻意去模仿古人，约束自己的言行，更不要夸夸其谈，喜形于色，胸怀大志才能做大事。

孔子对老子的话十分推崇，也更加敬重老子了。此后，孔子不止一次地到老子这里登门求教。

老子骑牛出行图

思想宗师

先贤思想与智慧精华

老子的名气非常大，很多国君都想请老子做官，但老子不为所动，仍然过着清苦无为的日子。在一次内乱战争中，图书文献被洗劫一空，老子看着抢空的库房，心里十分难过，决定离开此地。

这一天，老子骑着青牛来到了函谷关，拜访函谷关的关令尹喜。传说，老子过函谷关之前，尹喜见有紫气从东而来，知道将有圣人过关。

果然老子骑着青牛而来。尹喜盛情款待老子，并请老子留下来，专心写书。老子被尹喜的真情感动了，就留下来了。

经过一段时间的构思、推敲，老子写出了5000言的哲学论著，这就是流传至今

■ 尹喜 字文公，号文始先生。甘肃天水人，周代楚康王时任大夫。自幼究览古籍，能知前古而见未来。周昭王二十三年，眼见天下将乱，他便辞去大夫之职，请任函谷关令，以藏身下僚，寄迹微职，静心修道，或称"关尹"。

的《老子》，也称为《道德经》。不过现在一般认为，《老子》并非老子亲手所写，而是老子之后的学人编定于战国中期，但书中的思想基本上是属于老子的。

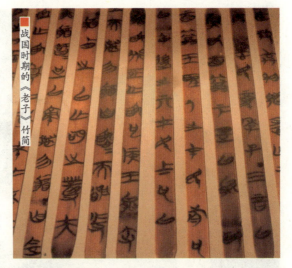

战国时期的《老子》竹简

《老子》一书在东汉后被奉为道教经典，称为《道德真经》，老子也因此而被奉为道教教主。在魏晋时期，被称为"三玄"之一。"三玄"是指《老子》《庄子》和《周易》这三部著作。据说老子写完这部书后，骑着青牛飘然离去，在游走中传道去了。

在《道德经》一书中，老子创立了堪称我国思想史上最早的"道"的理论。老子把"道"作为自己哲学思想的最高范畴，认为"道"这个物质实体是世界万物产生的总根源，是宇宙的母亲。

老子写《道德经》

■ 老子论道壁画

天帝 神话传说中天上的主神。在我国古代，关于天帝有很多种解释。比如，天帝就是帝俊，即商朝的守护神；东南西北中五方天帝；黄帝是中央天帝等。无论哪一种说法，天帝都是作为自然神存在。

老子认为，"道"是早在天地未辟之先就存在着的一种浑然一体的物质实体，它虽然是目不见、耳不闻，无声无形的，但却是不能靠外力由自身而永远存在着，无所不至地永远运行着，成为产生天地万物的根源。

它原先没有什么名字，就起名为"道"，因为它无所不包，弥漫一切，又可以勉强把它叫作"大"。

"道"作为万物之母，是如何产生天地万物的呢？老子说，"道"最初产生出元气，因为元气是浑然一体的存在，所以叫作"一"。再由元气分化为两种互相敌对的阴阳二气，阴阳二气的对立而又统一产生出第三者冲气，冲气最后又产生出芸芸万物。

老子的"道"论，其积极意义表现在以下两方面：

一方面，老子否定了天帝的存在。自上古以来，人们一直认为宇宙间有一个最高的主宰，就是上帝，又叫作天帝。对这种观念，老子用"道"来进行破除。

天没有意志，也没有赏善罚恶和支配人类的能力。天不过是万物中的一物，是一种自然状态。如果说有天帝的存在，那在天帝之先就已有了一种更为根本的存在，它是构成自然界万物的最初的原始材料，老子就把它叫作"道"。

另一方面，老子突破了用具体实物来说明世界总根源的局限。在老子以前，也有些思想家从自然界中选取某些具体的实物来说明世界的构成。如水、火、木、金、土，以及天、地、水、火、风、雷、山、泽等。而老子从纷繁复杂的物质世界中找出了"道"这个总根源，既说明了世界的多样性，即"道"生万物；又说明了世界的统一性，即万物最终复归于"道"。

这是老子高出于前人的地方。

当然，老子为了突出"道"作为天地万物总根源的特殊作用，又在第十四章把它描绘成"视之不见""听之不闻""搏之不得"的，是无形

老子授经图

■ 老子的传世名著
《道德经》

无象的，玄远幽微，深不可测，有时干脆就把它叫作"无"。

这个"无"虽是无形、无象、无限、无名，而不是虚无，但容易给人造成"无"中生有，"有"又生出天下万物的错觉。这种理论上的疏忽，恐怕也是老子所始料不及的。

老子最突出的贡献是在辩证法思想方面。老子系统地观察了自然界和人类社会中的各种现象，从中发现任何事物内部都存在着正反两个方面的对立。

在自然界中，有大与小、多与少、上与下、远与近、轻与重、白与黑、寒与热、生与死、静与躁；在人类社会中，有美与丑、善与恶、强与弱、祸与福、荣与辱、吉与凶、是与非、贵与贱、贫与富、治与乱、巧与拙、真与伪、公与私。这些都是相反相成、相互依存的现象，这些现象说明了事物矛盾的普遍性和客观性。

与此同时，老子认为事物的矛盾着的两个方面是互相联系的，共处在一个对立的统一体中。比如，把有与无、难与易、长与短、音与声、前与后看作既互相对立，又互相依存的。

在矛盾着的两个方面中，一方是不能离开另一方而独立存在的。老子把这理论叫作"恒"，即是永恒的道理。事物正是在矛盾中不断向前发展的，而事物的矛盾又都是相反相成的，是以对立面作为自己存在的前提，同处在一个统一体中。这就是说，相反的东西是有统一性的。

老子还深刻地论述了"物极必反"的道理。任何事物矛盾的双方无不向它的相反的方面转化，到了一定的时候就完全成为相反的东西。而向相反的方向转化，就是道的运动。正所谓"祸兮福之所倚，福兮祸之所伏"。

针对事物"物极必反"的规律，老子强调，为了防止事物的这种急剧的转化，就必须去掉那些过分的、极端的措施。只有这样，才不致使事物走向另一个极端。为此，老子提倡"不争"，要用柔弱来胜刚强。老子还强调要达到某种积极的结果，先要从它的对立方面去做起。比如，要做一件困难的事情，就要先从容易的做起；要做一件大

■老子论道壁画

事，就要先从细小的事情做起。因此，始终不贪图做大事，所以才能完成大事。

老子认为，对立统一规律对实践活动具有指导意义。比如，军事上的"欲擒故纵"，治理国家上的"无为而治""治大国若烹小鲜"，一个人认识事物上的"为学日益"，等等。

老子以"智者"的姿态建立了一套完整而庞大的哲学思想体系，达到了很高的理论思维水准。事实上，道家的哲学是我们永远也无法绕开的，直至今天，道家的哲学仍然是有吸引力、有生命力的哲学。

如果啜饮了道家哲学这支"生花妙笔清凉剂"，无疑会从领悟中得到自由，为生活增添无穷的乐趣。

思想宗师

先贤思想与智慧精华

阅读链接

老子善于从大自然和实际生活中学习，并善于总结、提炼出有益的启示。

有一年春天，村里来了一个卖牡丹根苗的人，那人很会夸自己卖的牡丹，于是老子就买了一棵，可结果什么花也没开。少年老子仔细一瞧，买回来的根本不是牡丹，而是和牡丹表面有点相像的一种野生植物，老子知道这次上了当。

第二年春天，村里又来了一个卖牡丹根苗的。今年这个人很诚实，卖的是真牡丹。老子把这个意思用"信言不美，美言不信"8个字来形容。

儒家学派创始人孔子

孔子（前551—前479），姓孔名丘，字仲尼。生于东周时期鲁国陬邑，即今山东省曲阜市南辛镇。春秋末期的思想家和教育家，儒家思想的创始人。

孔子集华夏上古文化之大成，是当时社会上的最博学者之一，被后世统治者尊为孔圣人、至圣先师、万世师表。

孔子和儒家思想对我国和世界尤其是对我国和朝鲜半岛、日本、越南等地区有深远的影响。全国各地也有孔庙祭祀孔子。

■儒家学派的创始人孔子画像

鲁国 周朝的同姓诸侯国之一。武王伐纣后，封其弟周公旦于曲阜，是为鲁公，即鲁侯。鲁国一向被认为是与周王室最亲且最有地位的诸侯国，是所有诸侯国中保留周礼最完整的"礼仪之邦"，鲁国的国史也是最完备的。正因于此，这片土地终能产生孔子这样的旷世奇才。

孔子从小地位贫贱、所以干过很多杂活儿。他生在文化空气浓厚、历史悠久的鲁国，由于鲁国曾是周公封地，保留着周朝的文化传统，所以他从小就受到传统文化的熏陶。

孔子聪敏好学，幼年就把小碗小盘之类作为祭器，做练习礼节的游戏，稍大后，对于周礼、音乐、射箭、赶车、识字、计算这"六艺"也都无所不学。通过勤奋学习，孔子掌握了大量的知识，并培养了自己积极进取的精神。

孔子由于后来在政治上的愿望无法实现，就通过授徒讲学来培养人才，来实现政治理想，结果却开辟出了一条私人讲学的道路。在20多岁时，孔子招收鲁国人曾点、颜无由、秦商、冉耕等弟子授业讲学，从此便开始了办私学的教书生涯。

孔子51岁时有机会从政，先后担任鲁国中都宰、司空，后来升任司寇。55岁时，国君让他代理宰相。孔子听到这个喜讯后非常高兴。

上任以后，孔子大刀阔斧地进行改革，推行礼制教化，他把扰乱国家统治秩序的贵族给处决

■ 周公（约前1100—？），姓姬名旦，也称叔旦，周文王姬昌第四子。因封地在周，即今陕西省宝鸡市岐山北，故称周公或周公旦。为西周初期杰出的政治家、军事家和思想家，被尊为儒学奠基人，孔子一生最崇敬的古代圣人之一。

了，在百姓之中树立了自己的威信。为了加强王权，他开始削弱三桓的势力，使鲁国渐渐地强盛起来。

孔子在鲁国卓有成效的改革，使鲁国强盛起来。相邻的齐国君臣看到这种形势，担心会威胁齐国的安全。于是，他们决定从国内挑选美女和骏马送给鲁国国君，目的是使他们迷恋声色，怠于政事，进而疏远孔子。

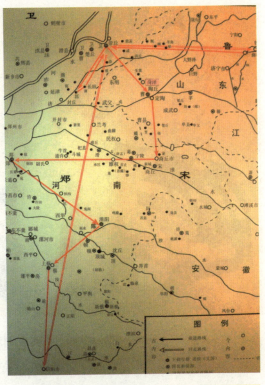

■ 孔子游列国地图

鲁定公和贵族大臣果然十分高兴地接受了这些礼物，天天歌舞升平，吃喝玩乐，国事朝政都抛到了九霄云外。孔子想劝谏国君，但国君躲在宫里不肯见他。他心知振兴鲁国是没什么希望了，便带着弟子失望地离开了鲁国，开始了周游列国的征途。

孔子先后到了卫国、曹国、宋国、郑国、陈国、蔡国等诸侯国，希望得到国君的任用，以便推行他的政治主张。可惜这些国君没有认识到孔子的价值。尽管道路坎坷，吃尽了苦头，但他仍然表现出为实现理想而忘我的奋斗精神。

孔子经过了14年颠沛流离的周游列国的生活，深知自己在政治上已经很难有所作为了，于公元前484年68岁的时候，回到了久别的祖国鲁国。此后，他致

三桓 即指鲁国卿大夫孟氏、叔孙氏和季氏。鲁国的三桓起于鲁庄公时代。鲁庄公父亲鲁桓公有四子，嫡长子鲁庄公继承鲁国国君；庶长子庆父、庶次子叔牙、嫡次子季友皆按封建制度被鲁庄公封为卿，后代皆形成了大家族。由于三家皆出自鲁桓公之后，所以被人们称为"三桓"。

力于教育和整理文化典籍。

纵观孔子一生，孔子先是对于教育的内容进行了根本性变革。他把传统的"六艺"教育转化为"六经"教育，把道德教育提到教育的首要位置，德智一体而德为主导。

■ 孔子读书画像

他以"学而优则仕"为教育目的，要把学生培养成有道德、有理想、有治国才干的贤人君；他对学生一视同仁，倡言"有教无类"，以人性的平等为教育的平等奠定了哲学的基础。

他积累并总结了丰富的教学经验，提出了一系列有关教育的原则和方法论，以及关于教师的理论等。

他所做的这一切，最后形成了儒家独具特色的教育思想体系，深刻影响并规定了我国古代教育的发展路向。即使是现代社会已经步入知识经济时代，孔子的教育思想仍有其不可磨灭的价值和意义。

孔子还总结以前从政的实践经验，形成了他的政治社会观，这就是"仁学"思想。"仁学"的核心是"爱人"。孔子把"仁"这一概念上升到哲学范畴。孔子的"仁"既是处理人与人之间关系的最高道德标准，又是决定社会生活的普遍原则。

学而优则仕 意思是学习学好了，就可以把这些知识应用到日常做事中。这句话强调把所学的、所修的东西应用到从政的实践之中，但是学无止境，从政可以更好地修身，也可以更好地推行仁道。一般理解为学习好了则做官。

"爱人"包括的面相当广泛。它要求统治阶级内部互相尊重，要贯彻一以贯之的"忠恕之道"。"忠"要求的是积极为人，"恕"要求的是推己及人。在统治阶级内部，人人都贯彻了"忠恕之道"，就能做到君主以礼来使用臣子，臣子用忠心来服侍君主，这样就可以消除统治阶级内部的矛盾。

仁者"爱人"还要求统治阶级能做到"举贤才"。孔子主张要不计较小错误，把优秀人才提拔起来，让优秀人才在邪恶人之上，这样就能使邪恶的人变得正直。孔子强调统治阶级只要选贤于众，就能使"不仁"的人难以立足，就可达到统治天下的目的。

仁者"爱人"的思想，强调人与人之间要有同情心，要相互关心、相互尊重。孔子肯定普通百姓也有自己的独立意志，所以应该重视一般人民。由此，孔子更进一步提出，要想真正得到人民的拥护，必须给人民一些实际好处，不能光把老百姓当作役使的物件，而是要爱护人力，合理地使用劳动力。

有教无类 意思是指，不因为贫富、贵贱、智愚、善恶等原因把一些人排除在教育对象之外，对谁都可以进行教育。孔子的这一观点，是针对西周时平民是很难进入官办学校学习提出的。

■孔子出游图

■ 孔子与弟子画像

中庸之道 即君子之道，是传统儒家修行的法宝。它是教育人们自觉地进行自我修养、自我完善，把自己培养成具有理想人格，达到至善、至仁、至诚、至道、至德、至圣的人物。从个人成长的意义上讲，中庸之道尤其具有积极意义。

　　孔子的仁者"爱人"既有对统治阶级的要求，也有对劳动人民的要求，这种要求是很高的。

　　孔子认为，要做到"爱人"是不容易的，必须充分发挥每个人的内心自觉才能办到，所以他强调要靠个人的主观努力。但每个人并不一定都能自觉地认识到这一点，有的人甚至还会受到私心、无限制膨胀的欲望的干扰，从而不能实现"仁"。

　　为此，孔子又提出一套实现"仁"的方法，主要的就是"克己复礼"，即要用道德规范来从内心约束自己的行为，要做到"非礼勿视，非礼勿听，非礼勿言，非礼勿动"。道德规范是外在的，所以要实现"仁"，主要还是靠内心自觉。这种思想虽有阶级性，但在中华民族历史发展中却起了积极作用。

　　严格说来，孔子不是一位哲学家，但他作为思想家，也有自己的方法论，这就是"中庸之道"。孔子承认，事物的变化转移是由于矛盾的存在，他看到事物都有"两端"。要处理好"两端"，孔子提出了他的中庸思想。

所谓"中庸"，就是办事情要有一个适当的标准，要不偏不倚，无过无不及，这叫作中；这个标准是经常性的，这叫作庸，庸就是常。超过这个标准，就是"过"；没达到这个标准，就是"不及"。处理许多事情，都要合乎这个标准。

孔子的晚年，主要精力是放在教育和整理文化典籍方面。他一方面把《诗》《书》《礼》《乐》《易》《春秋》这些典籍作为传授弟子的教本；另一方面又用不少时间对这些典籍加以整理。他整理编排《诗》《书》，编订《礼》《乐》，解释《周易》，对历史文化的整理做出了贡献。

孔子在71岁这一年，根据鲁国的历史，按照时间

鲁隐公（前722—前712），名息姑，鲁国第十三代国君。孔子所作之《春秋》起于鲁隐公元年，也就是公元前722年。由于春秋以鲁国国史为基础而编，故当时的国际大事都是以鲁国纪年来记录的。鲁隐公也因其为纪年年号常常被提及而出名。

■孔子与弟子蜡像

孔庙画像

先后顺序，编写了一部《春秋》，提纲挈领地记录了从鲁隐公元年至鲁哀公200多年的天下大事。

在编写过程中，孔子把自己的主张渗透到字里行间，形成了一种写作风格，被后人称为"春秋笔法"。《春秋》，被称为"六经"。它不仅是我国儒家最基本的经典作品，而且也是世界上富有学术价值的古代文化瑰宝，它的整理和保存对研究我国古代的思想、政治、社会有着不可估量的作用。

正是由于孔子在文化上为中华民族立下如此不朽的丰功伟绩，就使他的名字和中华民族紧紧地联系到了一起。孔子的贡献，中华民族是永远也不会忘记的。"高山仰止，景行行止。"孔子是我们中华民族的光荣。

阅读链接

孔子曾经说："三军可夺帅也，匹夫不可夺志也。"匹夫即是普通百姓，他们也各有自己的意志，不能强迫他们放弃自己的意志。有一件事很能说明孔子对普通人的命运的关心。

一次，孔子的马棚不慎失了火，孔子刚好从朝廷回来，立即问伤人了没有，而不问伤马了没有。这里的"人"是马夫，地位很低，孔子关心他胜过关心自己的马，这体现了孔子对人的地位的重视。这在当时是很有进步意义的。

墨家学派创始人墨子

墨子（前468—前376），名翟。生于春秋末战国初期宋国，即今河南省商丘；一说鲁国，即今山东省滕州。战国时期著名的思想家和科学家，墨家学派的创始人。

他提出的"非攻""兼爱""尚同""天志"等观点，以兼爱为核心，以节用、尚贤为支点，受到了普通民众的欢迎，因而被称为"平民圣人"。而墨家思想也是我国古文化完整版的辩证唯物主义和辩证唯物论。

■墨家学派的创始人墨子画像

墨石山 位于山东省新泰市北郊，山清水秀，奇石遍布，风光优美。据说战国时期的墨家学派的创始人墨子曾在这里开馆讲学，传授墨家的主张。位于墨石山北端的"亿年石人"，高20余米，似孔子拜天，似老子说法，后面还有一巨石，形肖骆驼，驼着经书和行囊。

墨子出生在一个贫苦的居民家里，他小时候，住在山里面，上学很不方便，只好跟随父亲学认字。除认字以外，他还学纺织制造的手艺。他天性聪明，不管什么手艺，学两次就会了。

墨子在编织之余，打听到附近有一个传授武艺的高手，于是就去拜他为师，学习武艺。他年近20岁时，已经练得一身好武艺。此时，他已经是一个文武全才的勇士了。

墨子曾经学习过儒术，但因不满其烦琐的"礼"而另立新说。他在墨石山上开学馆聚徒讲学，成为儒家的主要反对派。慕名来投奔墨子学艺的人很多。

墨子学馆设有文武学馆：文馆是讲授他的墨家学说。他讲学以口传授，注重亲自动手实践。他在上面讲，弟子在下面专心做记录。武馆是墨翟传授防身武艺和手工工艺的地方。

所以，他的弟子很多，经常有两三千人跟他学习，而且这些人最后都能成为文武兼备或有一技之长的人。

墨子一直致力于传播他的"非攻"思想。公输盘为楚国制造成了云梯这种器械后，将要用它来攻打宋国。

■ 公输盘（约前507—前444），姓公输名般，又称公输子、公输盘、班输、鲁般。生于鲁国。曾造云梯帮助楚国攻宋国，后被墨翟阻止。是我国古代的一位出色的发明家。我国的土木工匠们都尊称他为祖师。

墨子听说此事，从鲁国出发，走了十天十夜到达郢都，拜见公输盘。

公输盘问他有什么见教，墨子说："北方有个侮辱我的人，希望依靠您杀了他。"

公输盘听后不高兴。

墨子说："允许我奉送给您10金。"

公输盘说："我讲道义坚决不杀人。"

墨子站起来身来，又向公输盘拜了一拜，说："请允许我解释这件事：我在北方听说你造云梯，将用它攻打宋国。宋国有什么罪呢？楚国有多余的土地，人口却不足。现在牺牲不足的人口，掠夺有余的土地，不能认为是智慧。宋国没有罪却攻打它，不能说是仁。知道这些，不去争辩，不能称作忠。争辩却没有结果，不能算是强。你奉行义，不去杀那一个人，却去杀害众多的百姓，不可说是明智之辈。"

公输盘折服了。

墨子说："既然这样，为什么不停止呢？"

公输盘说："不行，我已经对楚王说了这件事。"

墨子说："为什么不向楚王引见我呢？"

公输盘说："行。"

■ 古代攻城云梯

云梯 古代的云梯，有的下面带有轮子，可以推动行驶，故也被称为"云梯车"，配备有防盾，绞车，抓钩等器具。有的带有用滑轮升降设备。云梯的发明者一般认为是鲁班（公输般）。现代指攀援登高工具的一种，主要做消防和抢险等用途。

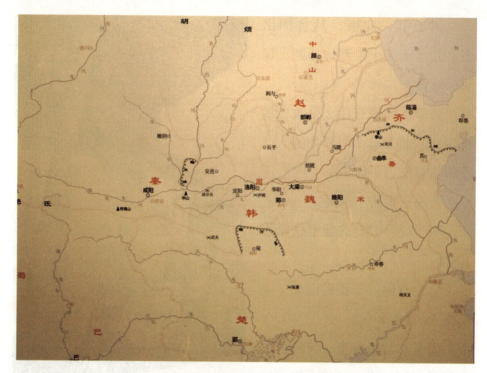

■ 战国局势图

禽滑厘 也叫禽滑
釐。春秋时期魏
国人，传说是墨
子的首席弟子。
他曾是儒门弟
子，学于子夏，
自转投墨子后，
便一直潜心墨
学。墨子在军事
战略防御学等方
面的卓越识见，
大都是向禽滑厘
讲述然后由其记
录下来的。

墨子拜见楚王，说："现在这里有一个人，舍弃自己的华丽的车子，却想偷邻居的车子；舍弃自己的有花纹的丝绸衣服，却想偷邻居的粗布短衣；舍弃自己的美食佳肴，却想偷邻居的糟糠等粗劣食物。这是怎样的人呢？"

楚王说："这个人一定有偷窃的病了。"

墨子说："楚国的地方，方圆五千里；宋国的地方，方圆五百里，这就像彩车与破车相比。楚国有云梦大泽，犀、兕、麋鹿充满其中，长江、汉水中的鱼、鳖、鼋、鼍富甲天下；宋国却连野鸡、兔子、狐狸、都没有，这就像美食佳肴与糟糠相比。楚国有巨松、梓树、楠、樟等名贵木材；宋国连棵大树都没有，这就像华丽的丝织品与粗布短衣相比。从这三方面的事情来看，我认为楚国进攻宋国，与有偷窃病的人是同一种类型。"

楚王说："虽是这样，但是公输盘给我制造了云梯，我一定攻下宋国。"于是，楚王召来了公输盘。

墨子解下衣带当作城墙，用木片作为防守的器械。公输盘多次用了攻城的巧妙战术，墨子多次都抵挡了他。公输盘的攻城器械用完了，墨子的防守抵挡的器械还绰绰有余。

公输盘折服了，但嘴上却说："我知道用什么方法来对付你了，我不说。"

墨子也说："我知道你用什么办法对付我，我也不说。"

楚王问他们不说的原因。墨子说："公输盘的意思，不过是想要杀掉我。杀了我，宋国就没有人能防守，就可以攻取了。可是我的弟子禽滑厘等300人，已经拿着我的防守抵挡的器械，在宋国城墙上等待楚国入侵了。即使杀了我，也不能杀尽宋国的守御者。"

最后，楚王决定不攻打宋国了。

墨子的著作《墨子》思想非常丰富，其中政治思想、伦理思想、哲学思想、逻辑思想和军事思想都比较突出，尤其是它的逻辑思想，是先秦逻辑思想史的奠基作。

《墨子》的政治思想，主要反映在《尚贤》《尚同》《非攻》《节用》《节

非攻 墨学的重要范畴，是墨子军事思想的集中体现，同时也包含着丰富的政治、哲学、科学、文化、伦理思想。非攻就是反对一切非正义的战争。但对防御战，墨子是支持的。

■ 战国时期的青铜尖矛

墨子蜡像

葬》《非乐》诸篇中。

墨子主张任人唯贤的用人原则，反对任人唯亲。他认为，做官的不能永远都是高贵的，老百姓也不能永远都是下贱的。他主张从天子到下面的各级官吏，都要选择天下的贤人来充当。墨家反对统治者发动的侵略战争，声援被侵略的国家，并为此而奔走呼号，勇敢地主持正义。

墨子对统治者过的骄奢淫逸的糜烂生活极为反感，主张对统治者要进行限制。对死人的葬礼，墨子主张节俭，反对铺张浪费。这些客观上反映了广大劳动人民的愿望和要求。

《墨子》的伦理思想，主要反映在《兼爱》《亲士》《修身》等篇中。

战国城墙复原图

思想宗师

先贤思想与智慧精华

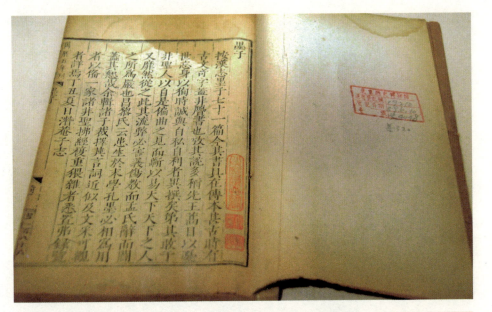

■ 墨家传世名著
《墨子》

墨子主张人们不分贵贱，都要互爱互利，这样社会上就不会出现以强凌弱、以贵欺贱、以智诈愚的现象。国君要爱护有功的贤臣，慈父要爱护孝顺的儿子。人们处在贫困的时候不要怨恨，处在富有的时候要讲究仁义。对活着的人要仁爱，对死去的人要哀痛，这样社会就会走向大同。

墨子的伦理思想虽然抹杀了阶级性，带有空想的色彩，但它却反映了广大劳动人民要求平等、反抗压迫、呼唤自由的心声。

《墨子》的哲学思想，主要反映在《非命》《贵义》《尚同》《天志》《明鬼》《墨经》诸篇中。墨家哲学思想的最大贡献是认识论。墨子主张把知识分为"闻知""说知""亲知"三类，"闻知"是传授的知识，"说知"是推理的知识，"亲知"是实践经验的知识。这就否定了唯心主义的先验论。

墨子还反对儒家鼓吹的"天命论"，他不相信

伦理 人与人以及人与自然的关系和处理这些关系的规则。从学术角度来看，人们往往把伦理看做是对道德标准的寻求。在春秋战国的百家争鸣时期，儒家、道家、墨家等不同学派，都赋伦理以不同的内涵。

■ 战国时期战马盔甲

天命论 一种具有唯心主义倾向和宗教色彩的思想观念，其中包含人类最早的环境观。这种思想根源于古代生产力落后和认识能力低下。从大尺度的历史空间来看，天命论的环境观反映人与自然没有发生明显分裂和对抗，处在低水平统一的时代特征。

"天命"的存在，他提倡"尚力"。在"名""实"关系上，墨家认为"名"必须服从"实"，没有"实"作为基础，"名"就是虚假的。这些思想都具有唯物主义的性质。

但是，墨子又相信天有意志，天能赏善罚恶，爱人憎人。他还论证了鬼神的客观存在，这就不免陷入了唯心主义的泥坑。这说明墨家的唯物论思想还有缺陷，还不彻底。

《墨子》的逻辑思想，主要反映在《经》上下、《经说》上下、《大取》《小取》等篇中，这主要是后期墨家的思想。后期墨家提出了"辩""类""故"等一套完备的逻辑概念。

在《小取》篇中，墨子论述了辩论的作用，即辩论是要分析是非的区别，审查治乱的规律，弄清同异的所在，考察名实的道理，判别利害，解决疑似。他还阐述了辩论的几种方式，对推理的研究也甚为精细。

墨学在后期建立了相当严谨完整的逻辑理论，在我国逻辑思想发展史上起了开创作用，具有较高的学术地位。直至今天，它仍是人们学习我国逻辑思想史的重要材料，给人以智慧的启迪。

《墨子》的军事思想，主要反映在《备城门》《备高临》《备梯》《备水》等篇中。

由于墨家学派主张"兼爱""非攻"，反对侵略战争，所以它的军事理论主要是积极的防御战术。这虽然不及兵家的军事思想全面深刻，但它却反映了广大劳动人民厌恶战争、渴望和平的心理愿望。

《墨子》一书所蕴含的思想极其丰富，在我国思想发展史上具有重要的学术地位。《墨子》思想代表了广大劳动人民的利益和要求，是劳动人民智慧的结晶。墨子也是历代墨家巨子的榜样。

兼爱 战国时期墨子的主要思想。他希望通过提倡兼爱解决社会矛盾，提倡"兼以易别"，反对儒家所强调的"爱有差异等"的观点。他提出"兼相爱，交相利"，把兼爱与实现人们物质利益方面的平等互利相联系，表现出对功利的重视。

阅读链接

有一次，墨子到炎人国游说，他听说百姓中的人才比贵族中的人才还要多，就对国王说："大王可知官不是永远尊贵，民也不是永远下贱。官本是民变的。若没有民就没有官。可见，民有什么贱的呢？"

炎人国国王点头说："圣人说得对！那么以你的高见，我们应该怎么办呢？"

墨子说："国家用人，应打破等级身份，任人唯贤，只要有才能，不要计较出身。"

后来，墨子应炎人国国王的要求，推荐弟子去炎人国为官，把炎人国治理得有条有理。

儒家代表人物孟子

孟子（前372—前289），姓孟名轲，字子舆、子车或子居。生于战国时期，今山东邹县东南人。战国时期著名思想家、政治家、教育家，民主思想先驱。

他继承了孔子"仁"的思想并将其发展成为"仁政"思想，成为仅次于孔子的一代儒家宗师，对后世中国文化的影响全面，有"亚圣"之称，与孔子合称"孔孟"。孟子及其门人著有《孟子》一书。

■ 战国时期儒家代表人物孟子画像

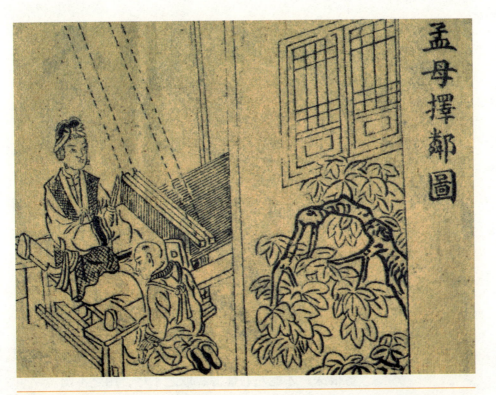

孟母擇鄰圖

■ 孟母（？—前317），孟子的母亲仉氏，以教子有方著称。孟子3岁丧父，靠母亲教养长大成人，并成为后世儒家追慕向往的亚圣。孟母也留下了"孟母三迁""断机教子"等教子佳话。

孟子的祖先是鲁国大夫孟孙氏，后来因为家道衰微没落，就从鲁国迁居到邹国。孟子的父亲孟激，在孟子3岁的时候就去世了，母亲仉氏便担起了养家糊口和教育儿子的重任。

孟子少年时性格好动，放荡不羁。孟母仉氏是个很懂家教的人，为了给孟子营造一个良好的成长环境，曾经数次搬迁，再加上她时刻注重言传身教，使孟子幼小的心灵深深地被母爱感动了，不但养成了良好的习惯，还发奋苦读。

孟子曾就学于孔子的孙子子思，并很快就精通了《诗》《书》《春秋》等经典。后经过青年时期的饱学和刻苦钻研，终于成为儒家学派的代表人物。

子思（前483—前402），名孔伋，字子思，是孔子嫡孙。春秋战国时期著名的思想家。孔子的思想学说由曾参传子思，子思的门人再传孟子。后人把子思、孟子并称为思孟学派，因而子思上承曾参，下启孟子，在孔孟"道统"的传承中有重要地位。

孟子在20多岁就开业授徒讲学了。他认为人生最快乐的事，便是对天下的英才都实行教育。孟子几乎一生从事教育，一直为教育事业奋斗不已，他是一个很好的教育家。

在具体教育方法上，孟子提出了很多有益的主张，这些主张在今天仍是值得肯定的。

孟子主张学习要专心致志，反对三心二意。同时，他教育学生对待学习要循序渐进、持之以恒，反对急于求成和半途而废。

孟子十分注意调动学生的学习积极性和主动性。他告诉学生，要想得到高深的造诣，必须自求自得，发挥主观的作用，才能牢固地掌握而不动摇，才能积蓄很深，才能左右逢源，取之不尽，用之不竭。

孟子在齐国时，把参加政治活动当作第一要务，在教学的同时，还积极参与政事，为齐国的政治出谋划策。他之所以这样做，自然以为自己的才能会被统治阶级看中，从而可以从齐国统治者那里获取一些馈赠的兼金。

这样，一则可以施展自己的抱负；二则可以赖以糊口。这就是当时士阶层的依附性。如果没有这种依附性，齐国统治者也不会采取优待士的政策了。

此外，孟子还积极参加辩论，从事学术活动。据

■ 四书之一《孟子》

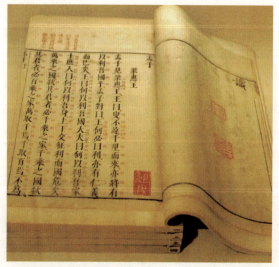

说，他曾在齐国传播了公羊春秋学，对繁荣齐国的学术做出了重要贡献。后来年纪大了，又退而与万章等人作《孟子》，为战国时期和以后的学术研究留下了极其宝贵的思想资料。

在政治思想上，孟子把孔子的"仁学"思想加以发展，提出了"王道""仁道"的学说。

■ 孟子与齐宣王论政图

孟子看到战国中期各国都在竞相用武力来攻伐，试图"以力服人"，用"霸道"来统一天下的事实，针锋相对地提出了"以德服人"的"王道"政治，认为只有这样实行"仁政"，用"仁爱"之心去对待人民，才能"得民心"，从而才能得天下。

所谓"王道"，就是先王之道，就是用"仁义"来治理天下。孟子提倡"王道"，是要求统治者都能效法尧舜先王，反对为争私利而采取恶劣的手段，尤其是反对各诸侯国之间的兼并战争，反对用暴力的"霸道"。

怎样才能实现"王道"呢？孟子设计了一套"仁政"方案。他认为，要实行"仁政"，必须从划分整理田界开始，要实行"井田制"。这种"井田制"规定，1平方里为1井，每1井共有900亩土地，当中100亩是公田，周围的800亩分给8户人家作为私田。要求

井田制 我国古代社会的土地国有制度，商时有文字记载，西周时盛行。那时，道路和渠道纵横交错，把土地分隔成方块，形状像"井"字，因此称作"井田"。井田制是孟子所希望的土地制度，反映了孟子的社会理想。

这8户人家先共同耕种公田，然后再去料理私田。

孟子对"井田制"社会充满理想。他认为，实行了这种制度，再让每家分上5亩地的宅院，屋前房后种上桑树，那么50岁的人就可以穿上丝绵袄了。如果鸡和猪狗又能得到很好饲养，那70岁的老人就都可以有肉吃了。

每家有这100亩耕地，不违农时地去进行生产，几口人的家庭都可以吃得饱饱的了。再好好地办些学校，反复地用孝顺父母、敬爱兄长的道理去训导他们，这样就能使天下归服。

孟子特别反对非正义战争，他强烈地谴责春秋以来的连年征战给劳动人民带来的深重苦难，指出"春秋无义战"，战国时代的兼并战争更是残杀人民，掠夺土地，造成的结果是为争夺土地而战，杀死的人布满田野；为争夺城池而战，杀死的人布满城池。这就是为了争夺土地而吃人肉。因此，孟子建议让好战的人受最严重的刑罚。

孟子并不是一般地反对战争，而只是反对不义的战争。对于那些能够解民于倒悬的王者之师来说，孟子则加以赞扬，认为他们是为民而战的。

在民本思想的基础上，孟子提

032

■ 孟子画像

出了暴君可诛的主张。孟子在齐国时，齐宣王曾经向他请教过君臣关系的问题。

齐宣王问孟子说："历史上真有商汤流放夏桀，武王讨伐殷纣王的事吗？"

孟子回答说："古史书上有这样的记载。"

齐宣王说："做臣子的杀掉他的君王，这难道是可以的吗？"

孟子说："破坏仁爱的人叫作'贼'，破坏道义的人叫'残'。这号人，我们把他叫作'独夫'。我只听说过周武王诛杀了独夫殷纣，没听说过他是以臣弑君的。"

面对尊严的齐宣王，敢于这样仗义执言，愤怒谴责不行仁政的暴君，认为暴君该杀，这是十分大胆的行为，也是孟子的伟大之处。

孟子还指责了暴政之下严重的阶级对立：一边是君王厨房里摆着皮薄膘肥的肉，马圈里拴着健壮高大的骏马；另一边则是老百姓面带饥色，野外横卧着饿死的尸体。这简直等于在上位的君王率领着兽类

思想宗师
先贤思想与智慧精华

性善论 战国时期孟子提出的一种人性论。孟子认为，性善可以通过每一个人都具有的普遍的心理活动加以验证。既然这种心理活动是普遍的，因此性善就是有根据的，是出于人的本性、天性的，孟子把这称之为"良知""良能"。

来吃人，所以，行暴政的人根本不配做父母官。

孟子的王道仁政和民贵君轻的思想，在一定程度上认识到了人民群众在历史发展和社会变革中的作用，提出要把安排好人民的生活、解除人民的疾苦放在执政者的首位，并把争取民心看作是政治得失的关键，这些思想都有合理的民主因素。

孟子提倡"性善"，认为每个人一生下来的性情就都是善的，每个人都有天生的"良知"和"良能"，"良知""良能"表现为仁、义、礼、智4种善端，即同情心是仁的萌芽，羞耻心是义的萌芽，推让心是礼的萌芽，是非之心是智的萌芽。因为是萌芽，所以叫善端——善的开始。

孟子认为，人具有这4种道德的萌芽，就如同人生而有四肢一样。事实上，孟子的性善论为王道仁政

■ 孟子墓

■ 亚圣庙前牌楼

说提供了哲学根据。

　　孟子认为人性本善，善的道德观念是人生来的本性中就固有的，而不是后天获得的。这是一种不学而能的"良能"，不虑而知的"良知"。但由于人类不能都保存住这种先天就有的"良知"和"良能"，有的人会把这种天赋的本性丢掉。

　　所以，教育和认识的目的和作用，就是把丢失了的"良知""良能"找回来，使这些人恢复本来善良的本质。

　　在孟子看来，求知识没有别的途径，只不过把散失掉的"善良"之心找回罢了。认识用不着向外界事物探求，而只

■ 亚圣庙内的影壁

要不断地向内心世界追求、探索就行了。

这样，孟子就提出了一套"尽心""知性""知天"的认识路线。就是说，人只要发挥天赋的4种善心，即恻隐之心、羞恶之心、辞让之心、是非之心，就可以认识自己的善性，并进而了解天的意愿，掌握天给人类安排好的命运。

为了使善的本性能够保持住，不致散失掉，孟子强调要加强道德修养，进行一番"修身"的功夫。孟子提出了两种"修身"的方法，一种是消极的，就是"寡欲"；一种是积极的，就是培养浩然之气。

孟子认为，人的欲望会影响人的道德品质，人的欲望越多，善性和仁义之心就会越少，但人又不能完全没有欲望，因此要把欲望限制在最小的范围内，这种方法就是"寡欲"。

思想宗师

先贤思想与智慧精华

■ 孟子庙内赐书楼

■ 孟子庙内养生堂

　　"寡欲"并不是用强制的手段去禁绝欲望，而是要充分发挥内心主观世界的作用，运用理智去减少欲望，来克服外部世界和感受对心智的诱惑或干扰，换句话说，就是用理义来制欲、导欲。

　　孟子的寡欲说虽然是唯心主义的，但是它又在一定程度上限制了剥削阶级贪得无厌的物质欲望，因而又有一定的积极意义。而且孟子还提出了人"生于忧患而死于安乐"的观点，这对鼓舞一般人在艰苦的环境中锻炼自己，以获取谋生的能力，也有一定的启发作用。

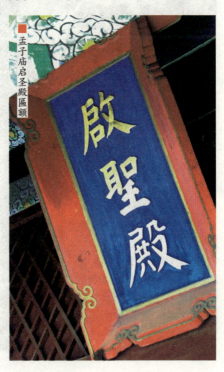
■ 孟子庙启圣殿匾额

　　培养浩然之气的方法实际上就是培养人的主观精神的一种方法。

　　所谓"浩然之气"，是一种最伟大、最刚强的气，是用正义培养出来的，一点也不能加以伤害，它就会充满天地之间。它是由义和道配合而产出来的，缺乏了义和道，就没有力量了；又是由正义的经常积累才产生出来的，不是一两次正义的行为就会取得的。

孟子强调人的主观精神的重要，强调人要有伟大的志向和高贵的气节，这不仅反映了地主阶级在上升时期的进取精神，而且后来还成为了中华民族的优良品质，鼓舞着我国人民用不屈不挠的精神去战胜各种各样的艰难困苦，培养出一批又一批"富贵不能淫，贫贱不能移，威武不能屈"的"男子汉大丈夫"，唱出了一支支浩然"正气歌"。

孟子的一生为实现自己的政治理想而奋斗，他先后游历了齐、滕、魏、宋、鲁等国，宣传"仁政""王道"的政治主张，宣传"性善论"。但战国时代七国争雄，不断进行战争，争夺土地和人口，所以孟子的学说没受到各诸侯王的欢迎。

孟子感到理想破灭了，于是他结束了周游列国的生活，在60多岁的时候，带领着自己的学生回到邹国，用余年的精力整

邹国 也叫邾国，是今天山东省境内的一个先秦古国，故址在今邹城市周围地区。邾，为春秋以前的古读音，后来读"邹"。孟子时，邾国改称邹国。邹地在战国时期出现了儒家的代表人物之一孟子。

■ 孟子庙内的古松

理自己的"王道""仁道""性善"思想，和学生们一起，写成了《孟子》一书，共7章。

《孟子》一书是优美的古代散文集，它文字流畅，说理精辟，在文学史和思想史上都有很重要的地位。其学说出发点为性善论，主张德治。南宋时朱熹将《孟子》与《论语》《大学》《中庸》合在一起称"四书"。直到清末，"四书"一直是科举必考内容。

阅读链接

孟子年少时候，有一次，他在吟诵诗文，他的母亲仉氏在一旁纺织。

孟子当时还小，注意力不集中，受到母亲纺织时发出的声音的影响，突然停了下来。过了一会儿，又开始吟诵，但却断断续续的。

他的母亲见状就叫住了他，问道："为什么要中间停顿了？"

孟子回答说："忘记了，一会儿又记起来。"

孟子的母亲拿起刀子就割断她的织物，说："这个织物割断了，能够再接上去吗？"

从此之后，孟子读书就专心了。

这就是孟母"断机教子"的故事。

道家学派代表庄子

庄子（前369—前286），姓庄名周，字子休。是战国时期著名的思想家、哲学家和散文家，道家学说的主要创始人之一。

其代表作品为《庄子》，这本书集中阐释了"天人合一"和"清静无为"的思想，对后世影响深远。

庄子与道家始祖老子并称"老庄"，他们的哲学思想体系，被思想学术的人界尊为"老庄哲学"。

■ 道家学派代表人物庄子画像

■ 庄子故里庄子祠

庄子早年曾做过一段时间的漆园吏，即看管漆树园的小官。其实，庄子并不是没有机会做官，过荣华富贵的生活，而是他不愿意做官，他蔑视权贵，视金钱如粪土。没过多久，他就引退归隐，当了隐士，用一生的大部分时间从事于讲学和著述。

庄子之所以宁愿过贫苦的生活而不去当官求取富贵，是因为他厌恶虚伪的仁义礼智的封建制度，对当时封建等级宗法的社会抱有强烈的不满情绪。他当隐士，就是为了表明自己是愤世嫉俗、痛恨权贵的。

这种鄙视权贵利禄的思想对后世有很大的影响，后世那些文学家不同恶势力同流合污的思想家几乎都是从庄子的思想中汲取过积极的营养。

另外，庄子既是思想丰富的哲学家，又是富于浪漫主义精神的文学家。他善于通过意味深长的寓言故事，来表达自己的思想和感情。在他的笔下，从人物

隐士 特指有才能、有学问、能够做官而不去做官也不做此努力的人。《南史·隐逸》谓其"皆用宇宙而成心，借风云以为气"。因而"隐士"不是一般的人。"隐士"首先是"士"，即知识分子，否则就无所谓隐居。历代都有无数隐居的人，但不能都被称为隐士。

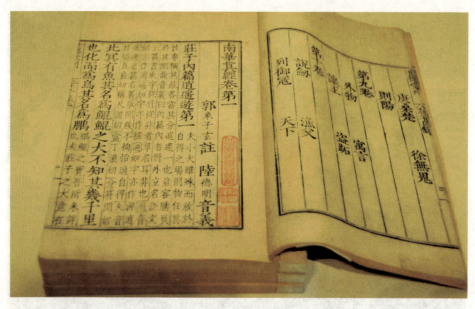

思想宗师

先贤思想与智慧精华

■ 道教思想经典
《庄子》

自然观 是对自然界的总的看法，是世界观的组成部分。在远古时代，由于生产力相对低下，人们认识自然的能力非常有限，认为自然界是精神或上帝的产物。庄子的自然观在当时应该说是比较先进的，具有唯物主义思想。

到鸟兽，甚至于一草一木，都是那么栩栩如生，让人抚之可得。

庄子给我们留下《庄子》一书，现存33篇，分为内篇7篇，外篇15篇，杂篇11篇。这些文章思想性和艺术性以及写作风格略有差异，可能不是出自庄子一人之手，而有弟子们的著作掺杂其中，但通篇的基调是一致的，所以可以把它看作庄子的思想。

《庄子》一书既给人以无限快乐的艺术享受，又能让人充分领略到深刻的哲理，所以庄子既是艺术大师，又是哲学大师。

在哲学上，庄子继承了老子的思想，提出了自己的自然观和认识论。

在自然观方面，庄子对自然界进行了广泛的研究，提出了世界的本原是"道"的思想。

庄子认为，天地是有形体中最大的，阴阳是气体中最大的，而"道"却是贯通一切的。他认为"道"

是看不见、摸不着的，在没有天地以前，"道"就存在着。

天地万物都由它产生，上帝鬼神也靠它显示作用。它没有作为，也没有形迹。可以心传而不可以口授，可以心得而不可以目见。但它弥漫宇宙，无所不在；贯通古今，无时不有。

由于"道"是无形的，所以又可叫作"无"，世界之初就存在着这种"无"，就是原始的未分化的世界。万物都是从这个无形的"无"产生出来的，有了具体的物，就有了形体，才进入了"有"的世界。

■ 庄子免除徭役碑

所以，"无"并不是虚无，只是为了强调"道"的无形和贯通一切，才把它叫作"无"，其实，"道"不是别的，就是气。他把贯通整个天下的东西都看作是气，万物由气而生，人也由气而生。

庄子蜡像

庄子还探讨了无限的时间和空间问题。他认为时间是无限的，没有开端，没有结束。这是由于凡事都有它的根

认识论 是探讨人类认识的哲学学说。庄子看到了认识的无限性和有限性的矛盾，接触到了认识的辩证法问题。但他把相对主义作为认识论的基础，夸大事物和认识的相对性一面，否认认识对象质的规定性和认识真理性的客观标准，陷入了怀疑论、不可知论。

本，而根本又有它的根本，追寻下去，也是无穷的；凡事也都有它的结果，而结果又有它的结果，追究下去，也是无穷的。

这就决定了在事物发展变化的链条上是没有开端的，事物的发展是一个无限的系列，任何一环都是继往开来的，世界没有开端，时间也没有开端。

同样地，庄子认为空间也是无限的。他举例说，中国在四海之内，就像一粒米放在大仓里一样；而四海在天地之间，就像蚂蚁穴放在大湖里一样。这个比喻对于开拓人们的视野，从而认识空间的无限性，是有启发作用的。

庄子还强调了运动的绝对性，认为整个世界是变动不居的，正如月亮一样有圆有缺，不能停留在某一种状态。一切事物都处在生长消亡、终则有始的运动变化之中，这是万物之理。一切事物都像马奔腾向前，永远不停地变动迁移着。

在认识论方面，庄子最突出的是反对儒家和墨家

■ 庄子故里的"知鱼桥"

独断论的真理观，认为真理没有客观标准。

儒家认为他们的仁义礼智是绝对真理，墨家认为他们的尚贤尚同是绝对真理。庄子认为，历史在发展着，不同历史时代有不同的情况，把一种道理奉为绝对真理是完全错误的。

他举例说，人睡在潮湿的地方就腰疼，但泥鳅也这样吗？人爬到高树上就害怕，但猴子也这样吗？这三种东西到底谁的生活习惯最合乎标准呢？庄子认为认识者的能力是相对的，没有客观标准可以遵循，因此人无法取得永远正确的认识。

■ 庄子故居碑文

《秋水》篇中有一段对话，写了庄子和惠施争论人能否知道鱼的快乐，就说明了这个道理。惠施认为人非鱼，不能知道鱼是否快乐；庄子认为人不是鱼，但可以知道鱼是否快乐。双方辩论中，从根本上看，庄子是对的，因为他坚持客观世界是可以认识的这一真理。

庄子有自己的理想社会，这就是"至德之世"。在这个社会里，没有君子和小人之间的分别，人和鸟兽同居，和万物并聚，大家都不用智谋，也都没有贪欲，所以都可以不离失本性。

纯真而朴实，人们自然而生，自然而死，过着

惠施（前390—前317），即惠子，生于战国中期宋国，即今河南省商丘。战国时期著名的政治家、辩客和哲学家，是名家思想的开山鼻祖和主要代表人物。惠施是合纵抗秦的最主要的组织人和支持者，他主张魏国、齐国和楚国联合起来对抗秦国，并建议尊齐为王。

■ 列子 名寇，又名御寇，或称列圄寇、列圉寇，今河南省郑州市人。战国前期道家思想代表人物。终生致力于道德学问，先后著书20篇，10万多字，今存《汤问》《周穆王》等8篇，共成《列子》一书。后被道教尊奉为"冲虚真人"。

"织而衣，耕而食"的田园生活。人人都参加劳动，春天耕种，劳动形体，秋天收敛，安养身体，逍遥于天地之间而心意自得。

所以，在这样的社会里，根本用不着人为地去管理，也用不着人为地去创造。如果硬要人为地把社会管理起来，就好像要把多余的手指砍掉，把连着的脚趾割开，把凫的短腿续长，把鹤的长腿截短一样，是违反生物界的自然本性的。

庄子深知自己的理想社会是根本实现不了的，他在考虑着如何在现实的社会中求得生存的方法。

■ 道家学说主创人庄子墓

■ 庄子蜡像

　　庄子认为，人的生死存亡，贫富贵贱，贤与不肖，美誉毁辱，乃至饥渴寒热，都是由命决定的。怎样做才能安之若命呢？

　　庄子认为，要把生死看作昼夜的变化一样，是人力无法改变的，因此，要对生不感到特别高兴，对死也不感到厌恶。生死都置之度外了，喜怒哀乐的情感也就可以消除了。达到了这种境界，也就获得了最大的精神自由。

　　庄子讲了一套追求个人精神自由的方法。他在《逍遥游》中用鹏程万里的宏伟画面展示了他对精神自由无限向往的强烈愿望。

　　庄子说，北海有条大鱼叫鲲，有几千里那么大，后来变成了大鹏，光是脊背就不知有几千里。它奋起而飞的时候，翅膀就像垂天的云。它趁海动风起的时机迁往南海，能一直飞到九万里的高空。

鲲　传说中鲲是一种大鱼。鲲在我国古代文献中，记载最早的当属庄子的《逍遥游》，在这书里面，他说："北冥有鱼，其名为鲲。鲲之大，不知其几千里也。"

庄子纪念馆南华殿

思想宗师

先贤思想与智慧精华

忘己 忘了自己，不感到自己的存在。指不识不知，顺乎自然的处世态度。《庄子·天地》："有治在人，忘乎物、忘乎天，其名为忘己。忘己之人，是之谓入於天。"

无己 犹无我。指从精神上超脱一切自然和社会的限制，泯灭物与我的对立，把自己消融与天地万物之中而臻于道我合一、独与天地精神往来的境地。《庄子·逍遥游》："至人无己，神人无功，圣人无名。"

　　而相传有个叫列子的仙人，能乘风飞行，而且持续半月之久，这比起一般人要用步行是自由多了。但即使这样，大鹏和列子还不算是真正自由，因为他们还都要依赖风这个条件。

　　只有任何条件也不用的人，才能和"道"同体，乘天地之正气，驾阴阳风雨晦明天气的变化，在无穷的宇宙中不受任何限制地遨游，这才算是真正的"逍遥游"。

　　现实生活中的人往往很难达到"逍遥游"的境界。因此庄子主张人要尽量过一种符合自己自然本性的生活，摆脱社会的束缚，摆脱争名逐利的欲望的束缚，使自己得到自由。

　　为了能按自然本性生活，就要摆脱仁义礼智的枷锁，因为它们使人的求名利之心得到满足，却破坏了人们的正常本性，破坏了人们的正常生活。摆脱了功名的诱惑，还要进一步摆脱富贵的引诱，去掉追求富贵利禄的欲望。

庄子说，人谋取过多财富，就会成为祸害。要真正有快乐，必须清静无为。这样，人就可以摆脱一切物质欲求，摆脱一切世俗的牵累，最后达到"忘己""无己"的最高境界，也就获得了最大的精神自由。

庄子所提倡的"忘己""无己"，就是要人们通过修身养性，忘掉外界的一切事物，把外界的一切都看作是身外之物；同时也忘掉自己的存在，把自己的存在也当作不存在，摆脱开自己的形体，排除掉自己的聪明，做到内心绝对虚寂，达到和"道"融合为一的境界。

《庄子》一书想象丰富，妙趣横生，里面充满了神奇的故事，有人和鱼的对话，河与海的交谈，鲲鹏和仙人的逍遥游，等等。这些故事表现了庄子丰富的文学想象力，又表现了他深刻的哲学洞察力，这使庄子成为我国历史上最有特色的哲人和伟大的文学家。

但是，正是由于庄子写的文章汪洋恣肆、异常诡异，以至使他的思想在长时期内受到片面的理解和不公正的评论。这是我们解读庄子时应该注意的问题。

阅读链接

一天，庄子正在涡水垂钓。楚王派遣两位大臣先行前往致意，说："楚王愿将国内政事委托给你而劳累你了。"

庄子手把钓竿头也不回地说："我听说楚国有一神龟，已经死了3000年了，楚王用竹箱装着它，用巾饰覆盖着它，珍藏在宗庙里。你们说，这只神龟，是宁愿死去为了留下骨骸而显示尊贵呢，还是宁愿活着在泥水里拖着尾巴呢？"

两位大臣说："宁愿拖着尾巴活在泥水里。"

庄子说："这就对了！你们走吧，我仍要拖着尾巴生活在泥水里。"

儒学创新大师荀子

荀子（约前313—前238），名况，字卿，因避西汉宣帝刘询讳，因"荀"与"孙"二字古音相通，故又称孙卿。战国末期赵国人。

他是我国著名的思想家、文学家、政治家，是儒家代表人物之一，被时人尊称为"荀卿"。战国晚期的一位儒家大师，对儒家思想有所发展，提倡性恶论，对重新整理儒家典籍也有相当显著的贡献。他在我国思想史上有着重要的地位。

■ 儒学创新大师荀子画像

■ 春申君 （前314—前238），本名黄歇。楚国江夏人，战国时期楚国公室大臣，是著名的政治家。与魏国信陵君魏无忌、赵国平原君赵胜、齐国孟尝君田文并称"战国四公子"。黄歇游学博闻，善辩。后被楚国国舅李园安排的刺客刺杀。

荀子年轻时到齐国稷下来游学。齐国都城临淄设置的稷下学宫，在齐威王时已具规模，有很多名士。

荀子初到齐国，正当国兵强势盛的时候。他建议齐国施行"圣人之道"，争取统一天下，但他的意见、没有被采纳，告诫也没有发生作用。后来，齐国果然被燕将乐毅率领燕、赵、秦、魏、韩五国联军打得大败，几乎亡国。

齐襄王复国后，学士们返回稷下，荀子3次被推举为祭酒，即学宫中年高德重的学长，但不久就遭到谗言的攻击，荀子只好离开齐国，到了秦国。

荀子在秦国见到了秦昭王和宰相范雎，他希望秦国能重用儒生，实行王道，完成统一天下的大业。秦昭王很赏识荀子，却不采纳他的政治主张。荀子见在秦国没有什么结果，无奈之下离开秦国到了楚国。

在楚国，荀子很受春申君黄歇的赏识，被封为兰陵令，但不久又遭到一些人的谗言和攻击，不得已又离开楚国到赵国。

在荀子游走楚、赵之际，春申君的门客对春申君

古圣先贤

稷下学宫 "稷下"即齐都临淄城的稷门，即今山东省淄博市附近，齐国君主齐桓公在此设立学宫。故因学宫地处稷门附近而得名为"稷下学宫"，又称稷下之学。稷下学宫是世界上第一所由官方举办、私家主持的特殊形式的高等学府。

■战国时期的青铜短剑

思想宗师

先贤思想与智慧精华

先王 这里指姬旦，又称周公旦，也称叔旦。是周代周文王的儿子，是西周初期杰出的政治家、军事家和思想家。谥号"文公"。他曾先后辅助周武王灭商、周成王治国。他制定和完善宗法、分封等各种制度，使西周奴隶制获得进一步的巩固。

宗法 是指调整家族关系的制度，它源于氏族社会末期的家长制，依血缘关系分大宗和小宗，强调前者对后者的支配以及后者对前者的服从。我国君主制国家产生之后，宗法制与君主制、官僚制相结合，成为古代我国的基本体制和法律维护的主体。

说："贤者在那个国家那个国家就安定，荀子是天下有名的贤人，他到那个国家那个国家就会强盛。"

春申君听完后，马上派去聘请荀子。荀子又来到楚国，继续当兰陵令。春申君被杀后，荀子也被免官，于是定居兰陵。

荀子在晚年，不仅继承和发展了儒家学说，而且还能有所创新。

荀子主要的政治思想就是礼法并重，天下统一。荀子生活的时代，我国的社会制度正在发生深刻的变化。通过长时间的兼并战争，剩下秦、齐、楚、赵、韩、魏、燕7个大国。

随着生产斗争和阶级斗争的进一步发展，结束封建称雄割据的条件已经具备，封建主义大一统趋势正在出现。荀子的政治思想正是为新兴地主阶级统一全国提供理论根据的。

荀子提倡"礼治"，把"礼"看作是封建的伦常关系，贵贱、长幼、贫富、尊卑等各有名分，就是礼的内容。

荀子分析了作为国家和政治制度的核心"礼"的起源。他说："人生下来就是有欲求的，欲求得不到

满足，就不能不去追求，追求起来
就没有限量分界了，就不能不发生
争夺。争夺就会带来混乱，混乱就
会造成贫穷。先王厌恶这种混乱，
所以制订了礼义来确定人的名分，
在名分内满足人的欲求。"

荀子布衣画像

先王之"礼"原本是奴隶制宗
法关系的各种等级、道德和礼节仪
式规范，荀子对这种"礼"进行了
改造，使它适合封建制度的需要，
由奴隶制的宗法关系变成为封建制

的伦常关系，按照地主阶级的政治、道德标准重新确定了封建的等级
关系。

为了维护封建社会的君臣、父子的等级制度，荀子反对贵族世袭

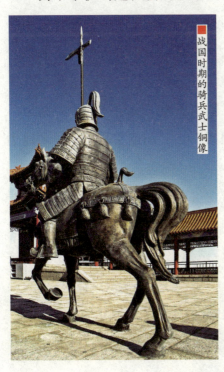
战国时期的骑兵武士铜像

的制度，提倡"尚贤"。他强调举荐
贤能的人，不用论资排辈；罢免无能
的人，不用犹豫不决。这样就使那些
符合地主阶级政治、道德标准的普通
人能够获得封建的等级特权。

荀子认为"礼"是"天下之通
义"，即每个人都在自己的伦理等级
内安分守己，才能维护社会的正常秩
序。否则，如果社会没有了贫富贵贱
的差别，就要造成混乱。

根据这种等级制的规范，荀子提
出应该结束当时诸侯并峙、各自为

战国时的青铜壶

政、互不统属的分裂割据局面，确立起一个最高的封建统治者，这就是王，各诸侯都要统属于王。

为了建立和巩固封建新秩序，荀子还提出，不仅要有礼治，还要有法治。他所说的法，与法家所说的法不完全相同，有时指规范，有时指法术，有时也指法制。他既提倡礼义教化，又提倡要有严明的法度，这与法家唯法是尊，以法制为本的思想是有别的。

荀子说，尊崇礼，法制完备，就使国家有正常秩序。尚贤使能，就使百姓知道方向。集中百姓的议论而不独断专行，百姓就会不怀疑。奖赏勤勉、惩罚懒惰，百姓就会不懈怠。听取各方意见、明察一切事物，就使整个天下归顺了。

与隆礼重法思想相联系，荀子又提出了重"王道"兼采"霸道"的思想。"王道"政治主张"以德服人"，"霸道"政治主张"以力服人"。

荀子认为要统一天下，必须实行"王道"，要使国家强盛，则要实行"霸道"。既实行德治教化，用仁义争取人心，实现"王道"政治；又实行武力压服，用刑法来进行威慑，实现"霸道"政治。这样，就可以取得天下，并巩固天下。荀子的这种思想对封建社会的影响是十分深远的，对于巩固封建社会比起孔子的思想来更有实效。

荀子还提出了"天行有常"和"人定胜天"的思想。他把"天"

思想宗师

先贤思想与智慧精华

解释为客观存在着的自然界，否定宇宙万物是由神造出来的。自然界的规律是客观的，它不以人的意志为转移，人们只有遵循它，才会取得好的结果，否则，就会遭殃。

荀子说："假如人们努力的进行农业生产，节俭而不浪费，那么自然是不能使人贫穷的。衣食充足，活动适时，那么，自然也不能使人害病。"

遵循自然和社会的原则，自然也不能使人遭遇灾祸。最后，就是发生水灾旱灾，也不至于引起饥荒；虽然有大寒大热，也不能引起疾病；虽然出现怪现象，也不能引起祸患。

相反，如果人们不努力，胡来乱作，就是没有水旱，也会有饥荒；就是没有寒热，也会有疾病；就是没有妖怪，也会有凶险。

法家　法家是指春秋战国时期的一个学派。主要代表人物有申不害、商鞅、韩非等。主张法制，反对礼治。另外，法家在古时候是指明法度的大臣。法家在古代与"方家"同义，都是指对书法家、画家等的尊称。

■ 古代儒家人物雕像图

荀子还反对迷信思想，根本否认鬼神的存在。他认为既然人的意志不能干预自然规律，那么求雨和卜筮的迷信活动也不能改变自然规律。

荀子的天人关系理论，既重视天道，又强调人为，既尊重客观规律，又强调发挥人的主观能动性。这是他的思想最可贵的地方。

在自然观的基础上，荀子提出了自己的认识论思想。荀子肯定人是先有物质的身体而后才有精神，人的认识活动是通过人的形体机能进行的，人有认识客观事物的能力，客观事物又是可以被人认识的，认识即由能知的主体和客观事物相结合而产生。

荀子把人的认识过程分为两个阶段。认识的第一步是从感觉开始的，就是用眼、耳、口、鼻、身这些感官与外界事物接触而得到感觉；第二步即对感官接触各种事物而得到的感觉印象进行分析、辨别、验证、取舍，形成概念和判断，这就是理性认识的阶段。在荀

■ 战国时期的农具

卜筮 指用龟甲、筮草等工具预测某些事项，不同的时代使用的方法也有不同，历代也有创新，比如，据传西汉辞赋家编辑本义项东方朔的《灵棋经》就是用特制的棋子和特殊的口诀来预测。是利用一些无生命的自然物呈现出来的形状来预卜吉凶。

荀子画像

子看来，理性认识要以感性认识为基础，感性认识需要上升到理性认识。

荀子的认识论还探讨了知和行即认识和实践的关系问题。他所说的"行"，主要是指人的道德修养活动，有时也指人的个体生活实践，包括人的一切作为和有目的的活动。

荀子把行看作知的基础，强调行在认识中的重要作用。在他看来，间接知识"闻"不如直接的感性知识"见"，"见"不如理性知识"知"，而"知"还是没有"行"重要，光知而不行，知的内容再充实丰富，也是没有什么用的。

所以他强调"行"既是认识的来源，又是认识的目的，而且还是检验认识的标准。

荀子认为，凡是正确的认识，必须要符合客观的事实，而且能在实际当中"施行"。这就提出了检验真理的标准是感觉经验和行为的效果，用这样的标准去审察理论，凡是切实可行的就是正确的，不切实可行的就是错误的。这是朴素唯物主义的知行观。

在道德问题上，荀子不用天命去解释人的道德

人之性恶 荀子"性恶论"的主要观点。荀子和孟子的"性善"说相反，认为人与生俱来就想满足欲望，若欲望得不到满足便会发生争执，因此主张人性生来是"恶"的。通过后天教育，人性的"恶"才可以改变。

■ 出土的周代竹简

出土的周代竹简

本质，而试图从人本身寻求道德的起源。他认为道德起源于"人之性恶"。

他认为人一生来就这个样子就叫作性，它是人和外界事物相接触而产生的反应，不用经过后天的努力或社会教化而自然这样，就是性。人的这种自然属性是先天而来，自然生成的，不用学，不用人为就是这样。

所有的人在性上都相同，都没有区别。因此，荀子提出了"人之性恶"的观点。

由于荀子重视客观环境对人性的影响，所以他提倡教育，强调通过后天的学习达到善，这就是学而至善。为此，他专门写了一篇《劝学》。

《劝学》篇激励人们要不断进取，劝诫人们要每天都坚持检查自己的言行，这样才能算真聪明，不致犯错误。提倡学习要坚持努力，日积月累地提高，还提倡学习要专一。这些观点和方法，在今天仍然是有益的。

思想宗师

先贤思想与智慧精华

阅读链接

司马迁《史记》中说荀子是赵国人。《史记》记载："秦政上党，韩不能救，其守冯亭以上党降赵。"因此荀子故里，只可能是弃韩归赵后的位于山西南部的安泽。现在安泽县建有纪念一代儒学家荀子的荀子文化园，山顶矗立着荀子的雕像，俯瞰着这片赋予了他生命的热土和汲取了甘甜乳汁的沁河。

荀子雕像底座8米，象征全县人民之深情，像高19.67米，寓县域面积1967平方千米之广义，托起荀子这位令故里人永世引以为骄的时代超人。

据说如此高大的花岗岩雕像当数全国之最。

思想大哲

秦汉至隋唐是我国历史上的中古时期。董仲舒顺承先秦余绪，围绕天人关系等问题，及时解除了统治者的内心困扰。在此后，出现了刘邵人才论、郭象玄学、范缜灭神等一系列新的命题。

隋代王通诸教相融的主张，乃是统治者儒释道兼宗政策的产物，柳宗元关于天人关系的讨论，更成为唐代的一个中心议题。在我国思想史上，上述几位良知，足以构建中古时期的精神穹顶。

大一统设计者董仲舒

董仲舒（前179—前104），生于汉代广川郡，即河北省景县广川镇大董古庄一个地主家庭。他是西汉一位与时俱进的思想家，儒学家，西汉时期著名的唯心主义哲学家和今文经学大师。

汉景帝时任博士，讲授《公羊春秋》。他把儒家的伦理思想概括为"三纲五常"，汉武帝采纳了董仲舒的建议，从此儒学开始成为官方哲学，并延续至今。

时至今日，仍有学者在研究他的思想体系及故里等方面的文化，他的著作汇集于《春秋繁露》一书。

■ 儒学家董仲舒画像

■ 汉武帝（前156—前87），名刘彻。是景帝刘启第十个儿子，其母是皇后王娡。汉朝第七位皇帝。是我国古代伟大的政治家、战略家、诗人、民族英雄。在位54年。建立了西汉王朝最辉煌的功业。谥号"孝武"，后葬于茂陵。

■ 董仲舒建言汉武帝

董仲舒从小就学习十分地刻苦专心，发愤钻研儒家经典。尤其是对《春秋》的研究，逐渐相当深入地掌握了儒学思想的精髓，所以当时人称他为"汉代孔子"。

汉武帝刚一即位，就命令群臣选出贤良之士，把他们召集起来，由他亲自考试，以皇帝的名义提出问题，叫那些贤良对策。董仲舒就是汉武帝选出的贤良之一。

董仲舒在著名的《举贤良对策》中，提出其哲学体系的基本要点。他把自然的发展变化和上天的意志合为一体，把皇权统治与天的意志结合起来。他也对刑罚提出看法，又大肆宣扬了一番儒家思想。在此基础上，他又提出了自己的一系列主张，建议汉武帝用儒家的思想来教化万民。

汉武帝看到董仲舒的对策，感到十分惊奇，他也最终发现了最适合自己的思想基础。于是他对董仲舒十分满意，对他也很欣赏。董仲舒也由此进入了一生中最重要的历程。

由于汉初以来崇尚"黄老之学"的"无为"政

黄老之学 战国时的哲学、政治思想流派。因将传说中的黄帝和老子尊为创始人，故名。包括治身和养生与治国两个方面。黄老之学始于战国盛于西汉，假托黄帝和老子的思想，实为道家和法家思想结合，并兼采阴阳、儒、墨等诸家观点而成。

策问 汉代被举荐的吏民是经过皇帝"策问"后按底等高下授官。有所谓"对策"和"射策"。"对策"是将政事或经义方面的问题写在简策上，发给应举者作答；射策则类似抽签考试，由应举者用矢投射，并解释射中的疑难问题。

■ 董仲舒故里石刻碑

策，所以汉武帝想有所作为的方针政策还是有一定的阻力的。因此，汉武帝特别就这个问题进行了第二次策问，要贤良们再对策。

董仲舒又写了一篇近2000字的对策，进一步阐述了自己的政治观点。字里行间，无处不充溢着儒家的思想。文中还花了大部分篇幅向汉武帝建议实行有为政策，更系统地提出了君之道和治理天下的手段。

董仲舒还在头一次对策中建议汉武帝兴办太学，选派明师，宣传和发扬儒家的思想学说。而且还建议改革吏制，让诸侯，郡守和其他高级官员每年选择两人推荐给皇帝，选得好的官员有赏，惩罚选择了坏人的官员。这样，天下的贤士都可被发现，授之以官发挥其才。

董仲舒的两次对策，逐渐深入而明确地提出了尊儒兴教、德刑并施的主张，赢得了汉武帝的充分信任。

不久以后，汉武帝又进行了第三次策问，主要是关于天人感应的问题。

这一次，董仲舒在对策中，不但宣扬了天人感应，还进一步阐述了自己的主张。尤其独特的是他的百家尊儒术的

■ 董仲舒故里

观点，得到了汉武帝的认同。汉武帝由此施行的一系列措施，对当时的社会和历史的发展起了重大的作用。

汉武帝所做的这一切，其实都源于董仲舒所提供的思想基础。

董仲舒认为，"天"是有意志、有目的、能支配宇宙万物的最高主宰。"天"创造了自然和人类，同时也创造了一个握有最高权力的人，就是皇帝。"天"和人能感应相通。皇帝受命于"天"。

皇帝的意志就是"天"的意志的表现，皇帝按照"天"的意志来统治百姓。"天"常常用灾异符瑞来指导皇帝的行动。

自然界日月星辰的运行，四季的变化，国家的兴亡治乱，都是天的意志的表现。甚至人的模样也是"天"按照自己的模样来生成的。

他说"天"是父亲，地是母亲；"天"有四季，人有四肢；"天"有五行，人有五脏。就这样硬把

郡守 官名。郡的行政长官，始置于战国。秦统一后，实行郡、县两级地方行政区划制度，每郡置守，治理民政。汉景帝中元二年，即公元前148年，改称太守。

天人感应 我国古代神学术语。天人感应思想源于《尚书·洪范》，孔子作《春秋》言灾异述天道，到西汉时董仲舒据《公羊传》集天道灾异说之大成。认为天能干预人事，人亦能感应上天。

"天"和人糅合在一起。

董仲舒的这套"天人感应"的学说，把封建地主阶级的统治神化了，这就是君权神授论。

董仲舒以神化了的"天"作为核心思想，这种天，正是地上封建大一统的影子。所谓天的意志，实质上是地主阶级最高利益的代名词；天的权威不可侵犯，也就是说封建地主阶级利益高于一切。

董仲舒所编造的神学化天，在封建社会中曾长期被封建统治者所鼓吹和利用，一直产生着重要影响。

董仲舒还提出了"三纲五常"的道德观念，并用"阳尊阴卑"的理论，把封建的伦常关系绝对化、固定化。

"三纲"，指君为臣纲、父为子纲、夫为妻纲；"五常"是儒家历来所讲的5种不变的德行，即仁、义、礼、智、信，也就是孔子所说的"孝悌""忠

■ 影响深远的儒家文化

恕"之道，是所谓"仁"的思想的发展。

董仲舒从孔孟所讲的君臣、父子、兄弟、夫妇和朋友5种伦理关系中选择了3种最主要的，把它们与调整这些关系的道德原则"仁、义、礼、智、信"结合起来，这就成了体现封建统治的整个社会关系，即"三纲五常"。

■ 阴阳鱼铜箸

这些关系是不变的，所以封建社会的统治秩序也是永久不变的。

董仲舒以"阳尊阴卑"理论作为"三纲五常"不变的根据，说"君臣、父子、夫妇之义，皆取诸阴阳之道。阴阳两个对立面，阳永远处于主导地位，阴永远处于从属地位，所以君对臣、父对子、夫对妻，及整个封建社会中统治和服从秩序，都像天地的阴阳一样，永远不可改变。

"三纲五常"的伦理学说在2000多年的封建社会中，起着禁锢人民思想的消极作用，它与封建的神学思想结合

■ 董仲舒画像

阴阳 阴阳的概念，源自古代我国人民的自然观。古人观察大自然现象，以哲学的思想方式，归纳出"阴阳"的概念。阴阳是"对立统一或矛盾关系"的一种划分或细分，两者是种属关系。阴阳理论已经渗透到我国传统文化的方方面面。

谶纬神学 古代具有宗教神学色彩的政治宣传心理学，以此为谋求权力者或已登上权力宝座的统治者大造舆论，从而收服具有传统天命观的民众，证明其权力的合理性。谶纬在汉代的流行，是与汉代思想界天人感应、阴阳灾异泛滥分不开的。

在一起，形成了束缚人民的四大绳索，这就是神权、君权、父权和夫权。当然，对董仲舒的这种思想也不能简单地完全否定。

社会和谐安定是和平的基础，而家庭和谐是社会和谐的基础。从这个意义上讲，处理好了父子夫妻等关系，就可以保证社会和谐、家庭和谐。

此外，董仲舒有力地促成了汉代大一统文化的形成。汉代是我国历史上极为重要的一个朝代。一方面，中华民族的主体民族汉族是因汉朝而得名；另一方面，汉人的文化，在春秋战国和秦代文化的基础上，将华夏各地的文化加以综合、选择和吸纳，形成统一的汉文化，也就是中华民族的主体文化。

在这一主体文化之中，有齐学、鲁学、楚学、燕学、晋学和秦学等，而齐学在其中所占的地位是至关重要的。齐学的主要内容阴阳五行、黄老之学、方术之学、今文经学和谶纬神学，有的被汉文化直接吸收，有的被汉文化加以改造后利用。这个过程比较长，其核心工作则是将儒学齐学化，使齐学的主要内容与儒学结合到一起。而恰恰是董仲舒对齐学的大量吸收，完成了儒学的齐学化工作。

董仲舒搞出了一套

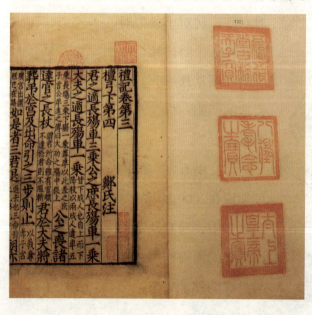

■ 儒学经典《礼记》

微观宏观宇宙交相感应的可以预告未来的体系，这些交相感应包括阴与阳之间、左与右之间的相互关系，以及五行之间、五音之间、四季之间、五色之间、五味之间的相互关系，还包括命理学诸范畴之间的相互关系。

汉代百姓生活雕像

经董仲舒改造之后的齐化儒学，在我国传统思想文化中已确定了牢固的位置。

由于西汉时期，封建社会正处于蓬勃兴盛阶段，董仲舒创建的儒学思想体系，总体上说，基本符合时代的需要，对当时社会的发展起着某些促进作用。

董仲舒以后，儒学逐渐开始作为官方哲学的意识形态出现，它通过教育、选举等社会制度的推行，渗入到社会生活的各个层面，逐步开始了对我国长达2000多年的思想统治。

阅读链接

董仲舒为学异常勤奋，数十年如一日，《史》《汉》本传说他专心学业。据王充《论衡·儒增》记载："儒书言董仲舒读《春秋》，专精一思，志不在他，三年不窥园菜。"

真不愧是我国历史上第一个"两耳不闻窗外事，一心只读圣贤书"的学子！他游心于六艺，陶醉于胜境，对当时社会时尚、生活享受都漠不关心。他沉迷于圣经贤传之中，简直至了如痴如狂的地步。

功夫不负有心人，董仲舒学通五经，义兼百家，而且长于议论，善为文章。与那些浅薄之士相比，董仲舒实为"纯儒"。

人才评选专家刘劭

刘劭（约172—约至249），又称作刘邵、刘卲，字孔才。邯郸人，即今河北省邯郸市人。曾受爵关内侯，死后追赠光禄勋。三国时著名思想家、文学家。刘邵学问详博，通览群书，曾经执经讲学。编有类书《皇览》，参与制定《新律》。著有《乐论》《许都赋》《洛都赋》等，著作多已亡佚。

其所著的《人物志》，对评论人物才性的原则和标准进行了比较，并广泛深入的讨论。他堪称人才评选专家，为当时哲学思想的发展提出了新的课题，更对后世产生了深远的影响。

■三国时期曹魏思想家刘劭画像

■ 韩非子（约前280—前233），战国晚期韩国，今河南省新郑人，新郑是郑韩故城，出身贵族。思想家、哲学家、政论家。战国末期带有唯物主义色彩的哲学家，法家思想集大成者。后因与李斯政见相左，妨碍秦国统一大计，被逼自杀。

刘邵于汉献帝时入仕，初为广平吏，历官太子舍人、秘书郎等。魏朝之后，曾担任尚书郎、散骑侍郎、陈留太守等。他的《人物志》不仅包含了刘邵的政治思想和哲学思想，而且是我国现存的第一部专门论述考察才性以选拔人才的理论著作。

综观《人物志》，其人才品鉴的思想表现在以下几方面：

一是对人的质和理的探索，强调质理结合是人才的必要条件。

质，就是人的资质；理，即所谓有"事理"。刘邵认为，一个人的资质与事理相应，就产生聪明，这种聪明发展到能充分认识把握有关整理的程度，就能成为这一方面的成功者。这与韩非子"得事理则必成功"的思想不谋而合。

那么，什么是"事理"呢？按刘邵的说法，主要有4种：道之理，事之理，义之理，情之理。

"道之理"指的是天地自然之理；"事之理"指的是社会、政治之理；"义之理"指的是礼乐教化之

汉献帝（181—234），名刘协，字伯和，又字合。汉灵帝第三子，汉朝最后一任皇帝。葬于禅陵，今河南省焦作市，谥号"孝献皇帝"。196年，曹操控制刘协，并迁都许昌，"挟天子以令诸侯"。后被迫禅让于曹丕。

■ 三国时期官吏壁画

理；"情之理"指的是世事人情关系。

一个人能否成功，全在于能否认识事理，而认识事理的根本在于具有与事理相应的资质，换句话说，人的主体资质与客观外界的事理相符合，才有成功的可能。

刘劭把人的资质分为平淡、警彻、和平、机解四大类型。如果这4种资质与4种事理相应，就能成功，即成为"道理之家"，"事理之家"或"义理之家"和"情理之家"。

道理之家，质性平淡，心灵性巧，思维细腻严密，因而最易与自然沟通。道理之家的成功典型是哲学家、科学家等。

事理之家，质性机敏，多谋善断，行动果敢敏捷，能迅速处理繁难之事。事理之家的成功典型是政治家、军事家等。

义理之家，质性平和，温文尔雅，长于理论的分析解说。义理之家的成功典型是教育家、艺术家等。

情理之家，质性机巧，对世故人情了解透彻，能适应及把握各种情况变化。情理之家的成功典型是企业家、商人等。

综上所述，人的禀气、质性是成功的内因和根据，有事理则是成功的外因和条件。质理结合才能成功，而质性最终决定了人一生的成就大小。

二是对人的发展特长的探索。

刘劭认为，人有8种能力，即聪、思、明、辞、捷、守、攻、夺。如果一个人同时具备这8种才能，并都很完善，那就"能通于天下之理"，而获大成功；如果只有这8种才能的某一个方面，那就应发展为特长，在一个方面取得突破而成功。

根据自己特长的不同，每个人都具有不同的途径和结果。即靠聪慧敏锐成功；靠发明创造成功；靠远见卓识成功；靠能言善辩成功；靠应变能力成功；靠稳慎缜密成功；靠勇猛精进成功；靠论说严密成功。因此，刘劭认为，欲成功，必须扬长避短，看准自己的才能，重点发展。

三是对整合要素的探索。

刘劭认为，英雄是由"英才"的聪、明、智和"雄才"的力、勇、胆6种要素组成的。然而要有所成功，两者必须兼容。

为什么呢？因为聪明的人，具有"英才"资质，却无"雄才"所具的胆力，那么他的见解就无法推动；而有胆力的人，具有"雄才"资质，却不具"英才"所具的智慧，那么他的事业也就无法取得成功。

才能 才智和能力。人们认识世界和改造世界的能力。"才"意指"备而未用（的知识、经验等）"，"能"意指"潜力"。给有才能的人提供一个舞台，他就能施展其知识、经验、体力和智力，从而得到社会和个人的双赢结果。

■《三国志》善本

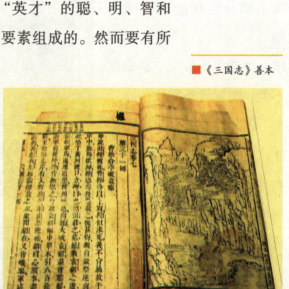

三国时期人物壁画

因此，"必聪能谋始，明能见机，胆能决之，然后可以为英""气力过人，勇能行之，智足断事，乃可以为雄"。历史上张良这样的人才可算是"英"的代表，而韩信这样的人才则是"雄"的典型。

英和雄的成分在各人身上往往不平衡，比例多的成分就决定了一个人是"英"还是"雄"。"故英可以为相，雄可以为将"，只有英、雄平衡的人才能为王。

"若一人之身兼有英雄，则能长世。"如汉高祖刘邦和楚霸王项羽就是这样的"英雄人物"。否则，"徒英而不雄，则雄才不服""徒雄而不英，则智者不归往"。

因此，"雄"只能得雄才，"英"只能得英才。一人身兼有英雄，才能使役英与雄。能使役英与雄，才能成大业。

此外，刘劭还分析了人们在如何识鉴人物的问题上经常易犯的两大错误。一个

思想宗师
先贤思想与智慧精华

三国人物画像

郑康成

是识人标准的错误。

主要有3种情况：

其一，以"名"为标准，"知人者以目正耳，不知人者以耳败目"，因此，绝不能以"皆誉""皆毁"作为识人的标准。况且奇异之才并不是众人所能识鉴的。

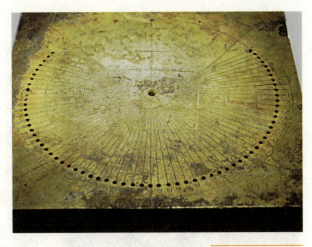

其二，以"己"为标准，凭借个人好恶来品鉴人才，就会造成非不辨的结果。

其三，以"贵贱"为标准。社会地位的差异一方面给人造成心理上的错觉；另一方面也使善恶的表现多所曲折，使人不易辨识。这就会造成这样的结果，即地位低下的人才，尤其容易被埋没。

四是识鉴人物的方法的错误。

其一，谬于现象，不见本质。特别突出的人往往难以识辨，因为突出的人未必善于表现自己；

其二，只明一点，不求全体，因而"得者少而失者多"；

其三，滞于一端，不通其他，固定僵化地看待人。其实这就是现在所说的定势思维错误。

针对人们在识鉴人才的标准方面的错误，刘劭提出了"明为"的标准。"明为"即考察其行为，通过实践来了解一个人。通观《人物志》全书，刘劭所说的"为"，就是指个人的行为或实践。

定势思维 是指人们在思考问题时，一直按照同一种方式来思考、理解和记忆问题。久而久之，就在思考问题时形成一种习惯，使人只想到一个方面，形成思想上所谓的"偏见"。

《人物志》 是一部系统品鉴人物才性的纵横家著作，也是一部研究魏晋学术思想的重要参考书。全书共三卷十八篇，三国魏刘劭所作，南北朝时西凉刘炳曾为之作注。书中讲述的识鉴人才之术、量能用人之方及对人性的剖析。

■ 汉代百姓炊具

针对人们识鉴人物的方法上的错误，刘劭提出了两条主要的识人原则。一是"尽备"的原则。只有全面的考察，才能避免识人上的片面性；二是发展变化的原则。因为人才成长本有迟速早晚，所以，要从人的发展与变化来看人才的形成与成长。况且人才与人才之间也有种种变化的可能，这就更需要从普遍的联系中来识鉴人才。

总之，《人物志》以综核名实为基本的思想出发点，针对当时人物品鉴的偏弊，提出了自己的一整套人物品鉴的原理、原则和方法，使人物品鉴论向理性和形而上的方向前进了一大步，开了以后"才性"和以老庄思想解释儒家"圣人"而融通儒老的先河，不管是对当时还是以后的人才选拔和培养，都有重要的指导意义。

圣人 我国传统文化的定义，严格来说，"圣人"指知行完备、至善之人，是有限世界中的无限存在。总地来说，才德全尽谓之圣人。这个词语最初出于儒家对"止于至善"的人格追求。

阅读链接

《人物志》成书于曹魏明帝统治时期。在成书之前，魏文帝曹丕为了拉拢士族而采纳陈群的建议，用九品中正制选拔人才。

该书就是在推行九品中正品评人物、选择人才的大背景下形成的专著，旨在为推行九品中正制在理论上提供依据，在实践上总结经验，以推动这一制度的发展和完善。

十六国时刘昞为之作注时说，该书重在"疏通大义，不沾沾于训诂，文词简括"，对《人物志》给予了高度评价。

逍遥于玄境的郭象

郭象（约252—312），字子玄。河南洛阳人。西晋时期玄学家，好老庄，善清谈。曾注《庄子》，这是一部哲学著作，它是代表玄学发展第三阶段的最后体系。

郭象反对有生于无的观点，认为天地间一切事物都是独自生成变化的，万物没有一个统一的根据，在名教与自然的关系上，他调和二者，认为名教合于人的本性，人的本性也应符合名教。他以此论证封建社会的等级制度的合理性。

郭象作为魏晋时期玄学的代表人物之一，一直是我国哲学史研究的重点。

■ 玄学家郭象画像

郭象的玄学是我国魏晋玄学发展史上的一个重要阶段。当时的代表人物还有何晏、阮籍、向秀等。郭象的主要玄学思想都体现在其所作《庄子注》中。有人说郭象注《庄子》，倒不如说《庄子》注郭象。此说道出了郭象通过注《庄子》来构建自己玄学体系的实质。

综观郭象的玄学体系，其思想的中心命题是"独化于玄冥之境"，核心范畴是"独化""自生"，最终要达到的终极范畴是"玄冥"，而其思想的起点却是开始于对"有""无"问题的追问。

郭象认为"无"就是绝对的至无，所以并不能生有。但是郭象没有纠缠于有生于无还是无生于有的争论，而是从更高层次上提出了万物自生的"独化"的思想。

所谓"独化"，即每个事物都以其自身为存在根据，自生自灭。独化是万物存在的状态，而事物从其关系来看又因独化而相因。

郭象认为，事物之间相因的关系就像唇和齿相依关系一样，但是这种联系并不是出于某种目的故意之为，而是自然而然的。正是在这个意义上，由于任何事物之间都存在着相因的关系，整个宇宙就会达到整

■ 阮籍（210—263），字嗣宗。陈留尉氏人。三国魏诗人。是建安七子之一阮瑀的儿子。他曾任步兵校尉，世称阮步兵。崇奉老庄之学，政治上则采谨慎避祸的态度。他与嵇康、刘伶等7人为友，常集于竹林之下肆意酣畅，世称竹林七贤。

何晏（？—249），字平叔。生于南阳宛，即今河南省南阳。三国时期魏国玄学家。封为列侯。建立唯心主义本体论学说。后因依附曹爽，为司马懿所杀，夷三族。

体的和谐。

那么，如何保证事物不会因各自个性的冲突而造成混乱呢？

郭象认为，这就需要万事万物在任性自为的过程中坚持无心，也就是要去除人为的私欲、计较，从而消除事物之间的矛盾达到和谐。而对于事物自身而言，去除了私欲和私智的遮蔽，就会返归本性的自然达到适性逍遥。

郭象主张一种现实的心性的逍遥，强调精神层面，即所谓的无心而顺有，任性而逍遥。只要心中无私无欲，保持自然平和，那么外在的形式并不重要，即使身居庙堂之上，心也可以无异于山林之中。

在郭象看来，事物的任性不仅是顺应了事物的本性，更能在最终的自然状态中满足每个事物的发展要求。在郭象看来，宇宙中的每一事物只要安守己分，自足其性就都可以达到逍遥。

事实上，对于郭象来说，适性逍遥也是他自己的人生追求。在郭象这里，圣人的理想人

■ 玄学用罗盘

玄学乐器云罗

玄学 是对《老子》《庄子》和《周易》的研究和解说。产生于魏晋。是魏晋时期的主要哲学思潮，是道家和儒家融合而出现的一种哲学、文化思潮。"玄学"之称的由来，正是因为魏晋时期清谈家称《周易》《老子》《庄子》三本书为"三玄"，"玄学"之名由此而来。

私智 也就是个人的智慧。常与公法相对，指偏私的识见。《管子·禁藏》记载："故国多私勇者其兵弱，吏多私智者其法乱。"尹知章注曰："私智则营己而背公，故多乱。"

■ 玄学用神像

格是一种入世的逍遥，只要内心可以保持逍遥，保持精神的自由就是真正的逍遥。

郭象所希望实现的是社会现实与超越理想之间内圣外王的统一，而这种统一正是在其"独化于玄冥之境"的理论中完成的。玄冥的概念贯穿了郭象玄学思想的始终，是其体系中最为重要的概念之一。

首先，从思想的逻辑架构上讲，郭象用"玄冥"消解了其理论中无法回避的难题。郭象认为万物独化相因，但是如何独化自生，如何保证相因和谐，并没有合理的依据。所以郭象将玄冥定义为一个本体论的范畴，超越了具体的有无对待。

其次，玄冥的幽深玄妙就是万物的本质，就是事物最为本质的存在状态。万物自生的原因就在于玄冥之境中，因而郭象的其他概念也都可以得到合理的解释了。

郭象最终是在玄冥之境中实现了有、无的统一。郭象的玄冥之境，不仅使他解决了自身理论难题，并以此来融合儒道的幽深之境，更是连接他玄学本体论与社会历史观的中心环节。

郭象以万物自生为基础所提出的独化论，融合了道家和儒家的基本概念和思想，形成了一套新的玄学

内圣外王 指内具有圣人的才德，对外施行王道。"内圣外王"作为一种儒家的人格理想和政治理想，其主要强调的就是在既定的社会体制下的自身修行。即通过内修的济世功用，以实现个人理想和达济社会，进而达到王道社会这一传统政治理想。

体系。具体地讲，郭象以自性独化否定了道家以无为本的本体论，在强调万物以自性为本的同时肯定儒家的现实有为。

但是同时在事物之间的关系上，又崇尚道家的自然逍遥，以个体的自然推出了宇宙整体的自然，从而使得儒家思想不再仅仅停留于现实，具有了一定的超越性意义。

对于名教，郭象将儒家的仁义思想纳入性分之内，既肯定了儒家伦理的合理内涵，又借鉴了道家对于名教现实危害的批判指出名教是必要性和有限性的统一。

综上可以看出，在调和名教与自然的问题上，郭象无疑是魏晋玄学之中最为成功的。正因为如此，郭象的独化论体系体现了它特有的价值和意义。

一方面，对现实采取超越的态度，因而才可以克制个人的私欲，调节现实中的各种矛盾；另一方面，在稳定现实的政治人伦关系的同时，又可以为超越的自由保留一个空间，从而使个体能够从现实的矛盾和纷扰中抽身而出，得到精神上的平静和安宁。

我国2000多年思想发展史证明，儒家积极入世的人

名教 以"正名分"为中心的封建礼教。旧时为维护和加强封建制度而对人们思想行为而设置的一整套规范。在魏晋时期，"名教"用来指以孔子的"正名"思想为主要内容的封建礼教。

入世 常与"出世"相对。"出""入"就是离去和进来的意思，而"世"则指凡尘俗世。出世的人希望超脱世人的生活，更多在精神上的追求；入世则表示一个人渴望在现实生活中实现自己的价值。

■ 道家经典

玄学艺术品北斗灯

文情怀，道家的隐逸自然、高尚其志，相互补充融合，共同构造了中国文化的这种内在超越的特质。

正因如此，我国哲学才既没有一味沉溺于现实而走向科学主义，也没有将希望寄托于绝对超越的宗教本体，我国哲学的特点在于，既要在现实中保持对于超越理想的追求，又不能完全脱离现实而陷入空想。

郭象正是抓住了我国哲学的这一特点，以此为基础构建了自己的玄学体系，实现了名教与自然的统一。

郭象的玄学思想，不仅仅在于将魏晋玄学的发展推向了一个新的高度，对于以后我国思想的发展也产生了极为深远的影响。

阅读链接

据说，郭象从小勤学好问，对于日常生活中发现的问题总爱追根问底，弄清真相道理。后来他研究老子和庄子的学说，很有收获。因为他学识丰富，分析和说理的能力很强，谈论起来，有条有理，头头是道。当时，人们都称赞他会说话、有口才。

《晋书·郭象传》记载："听象语，如悬河泻水，注而不竭。"这句话的意思是，听郭象谈话，好比悬挂着的大河，水不断地奔泻下来，永远不枯竭似的。

后人形容"能说善辩、口齿流利"就叫作"口若悬河"。

唯物主义者范缜

范缜（约450—515），字子真。祖籍顺阳，即今河南省淅川境内，后移居江南。南北朝时期著名的唯物主义思想家，范缜学成后，博通经术，尤精"三礼"（《周礼》《仪礼》《礼记》）。性质直，好危言高论。仕齐为宁蛮主簿，后迁尚书殿中郎，永明中，曾出使北魏。是杰出的无神论者。

在形神关系的论证上，其思想深度和逻辑的严谨超越以往所有的唯物主义者，而且在整个我国封建思想家中也是独一无二的。其著作《神灭论》，是我国古代思想发展史上的不朽作品。

■ 杰出的无神论者范缜画像

■ 南北朝时期的人物塑像

范缜少孤贫而好学，10多岁时拜名儒沛国刘瓛为师。他学业优异，卓越不群。刘瓛因而十分钟爱他，亲自为12岁的范缜行加冠礼。

在当时刘瓛学术地位很高，门生大多是权势子弟，锦衣玉食，狂妄自大。范缜在从学的数年中，经常穿布衣草鞋，上下学都是步行，但并未因此自卑自愧。

相反，他生性倔强耿直，不肯向权贵低头，敢于发表自己的"危言高论"，同窗士友都畏他三分。在当时，范缜聪明才智和满腹经纶无处施展，怀才不遇的痛苦无时无刻地煎熬着他，使他未老先衰，在29岁时就已白发皤然。

萧齐与北魏和亲通好后，范缜曾作为使者出访北魏，他渊博的知识和思想的机智敏捷，博得了北魏朝野的尊重和赞叹。

范缜生活的时代，是南朝佛教兴盛的时代，轮回报应的宗教思想，存在于社会的各个角落。许多士人笃信因果报应，认为前世、今世所行的善或恶，在来世必然要分别得到富贵或贫贱的报应。

唯有范缜对这些嗤之以鼻，他大唱反调，声称无佛。他觉得有必要将自己无神论的观点加以系统阐述，于是写出了著名的《神灭论》，简明扼要地概括了无神论与有神论争论的核心问题，即形与神之间的

刘瓛 字子珪，小名阿称。晋丹阳尹恢六世孙。生于沛国相，即今安徽省濉溪西北。南朝齐学者、文学家。刘瓛少时笃学，博通《五经》。后聚徒教授，常有数十人，是当时著名的学者。

关系。

在《神灭论》中，范缜一开始就提出了"形即神，神即形"的观点。所谓"形"是形体，"神"是精神，"即"就是密不可分。

范缜认为，精神与形体不可分离，形体存在，精神才存在；形体衰亡，精神也就归于消灭。在范缜看来，形体和精神是既有区别、又有联系的不能分离的统一体。

在此基础上，范缜进一步认为，形体是精神的质体，精神是形体的作用，两者不能分离。

他打了一个恰如其分的比喻：精神与肉体之间的关系，就好像刀刃与刀刃的锋利之间的关系，锋利指的不是刀刃，刀刃指的也不是锋利。然而，离开刀刃也就无所谓锋利，离开了锋利也就无所谓刀刃。

既然从未听说过刀刃没有了而锋利还存在的，怎么能说肉体死亡后而精神还能存在呢？这就有力地证明了精神对形体的不可分割的依赖关系。

范缜对"质"和"用"的范畴也给予了深入浅出的论证。他提出，不同的"质"有不同的"用"，而且精神作用只是活人的特有属性。

宣扬佛教的人以树木和人为例，说人和树木同是质体，但人有知觉，树木则没有，可见树木只有一种性质，人有两种性质，所以人的精神

萧齐 史称南齐或南朝齐。是南北朝时期南朝的第二个朝代，也是南朝4个朝代中存在时间最短的一个，仅有23年，为萧道成所建。以齐为国号，源于谶纬之说。《谶书》记载："金刀利刃齐刘之"，意即"齐"将取代"宋"。

■ 佛教壁画

佛教 最早的世界性宗教，距今三千多年，在东汉明帝时经丝绸之路正式传入我国。佛教是世界三大宗教中历史比较悠久、影响也比较大的一个宗教。佛教虽然来自印度，但其成熟和发展是在我国完成的，它既吸收了中国传统文化，又丰富了中国传统文化，具有博大精深的文化内涵。

可以离开形体而独立存在。

范缜反驳说，质的不同，决定了人的"有知"和木的"无知"，即特定的质体具有其特定的作用，不可混为一谈。

同时，范缜还从发展、变化的观点阐述了质与用、形与神之间不可分割的关系。他驳斥了佛教徒对"生形"与"死形""荣木"与"枯木"之间区别的故意混淆，认为人从生到死，木从荣到枯，形体发生了根本的变化，质的作用也随之而变化。所以，随着人的死亡，精神活动也停止消失了。

范缜不仅指出了"用"随"质"变，而且辩证地认为物体的变化有其内在规律。如人的生死，必是先生后死；木的荣枯，必是先荣后枯，顺序不可颠倒。

他还认为，事物的变化有突变和渐变两种形式。突然发生的事物，如暴风骤雨，必然突然消失；逐渐发生的事，如动植物，必然逐渐消灭。故他总结认

■ 佛教壁画

为，突变和渐变是客观事物自身的发展规律。

范缜在对形神关系作深入探讨时，还把人的精神活动分为互相连接的两个阶段，把人的生理器官看作是精神活动的物质基础。

所谓精神活动的两个阶段，一是感觉，二是思维，两者的区别是"浅则为知，深则为虑"，两者又是属于一个人的精神活动的整体之中，即口、眼、耳、鼻、手足担负着不同的感知职能。由于当时科学水平的限制，他还不了解大脑的作用，错误地认为"是非之虑"由"心器所主"。

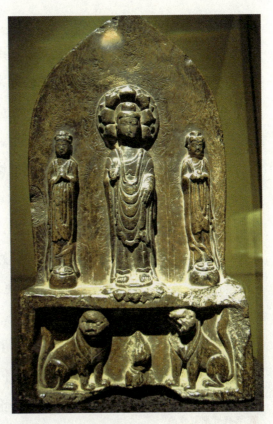

■ 南北朝时的佛像

范缜在《神灭论》中写道，佛教损害了国政，僧尼败坏了民俗。佞佛就是迷信佛教，佞佛如同骤起的狂风迷雾，弛荡不休。为什么人们都要倾家荡产去求僧拜佛而不肯去接济亲友、抚恤贫困呢？

这是由于佛教重于利己而轻于济世。所以佞佛之人在穷亲贫友相求时，都不肯解囊相助，而是吝啬已极，却将千万资财贡献佛寺，献媚求欢于僧尼。

范缜接着写道，人们又受到佛教种种虚诞说教的迷惑、引诱、恫吓和欺骗，纷纷摈废礼教而遵从佛法，家家不讲孝悌，人人不行慈爱。致使兵源短缺，

僧 是梵语"僧伽"的简称，意译为"和合众"，即指信奉佛陀教义，修行佛陀教法的出家人，亦指奉行"六和敬""和合共住"的僧团。它的字义就是"大众"。僧伽是出家佛教徒团体，至少要有四个人以上才能组成僧伽。所以一个人不能称僧伽，只能称僧人。

士林 指文人士大夫阶层、知识界。欧阳予倩《桃花扇》第一幕中记载："我辈圣人之徒，岂能有什么朋党。倘若东林、复社两党的朋友，能够顾全大局，解除纠纷，也未尝不可一变士林的风气。"

官府缺少办事的官吏，土地荒芜，粮食乏匮，而僧寺佛塔却耗费了无数钱财，奸佞不法之徒层出不穷。正由于这样，佛教的危害和弊端是无限的。

范缜告诉人们，应秉承自然天性，行自我修养，于有若无，来者不拒，无亦不求，人人各守其职，各安天命。小人甘愿躬耕于田亩，君子保其恬和朴素的本性。

这样，种田打粮，粮食将取之不尽；养蚕织衣，衣服将用之不竭；百姓用衣食之余奉献君主，君主以无为而治天下。欲使人民昌盛，国家强大，君主权重，必须采用此道。

《神灭论》抓住了时弊，击中了佛教的痛处。它一问世，士绅就争相传抄，朝野为之喧哗。于是，众僧名士，软硬兼施，轮番围攻范缜。但由于他们讲不出像样的道理，尽管人多势众，也没有压倒坚持真理

■ 北魏时期创作的精美佛教壁画

■ 梁武帝（464—549），名萧衍，字叔达，小字练儿。萧衍是兰陵萧氏的世家子弟，为汉朝相国萧何的二十五世孙。南梁政权的建立者。在位48年，颇有政绩，晚年爆发"侯景之乱"，都城陷落，被侯景囚禁，死后葬于修陵。谥号"武帝"，庙号高祖。

的范缜。

范缜的刚直不阿的可贵品德，以及绝不"卖论取官"的原则立场，在当时增加了他人生道路上的坎坷。

一天，梁武帝设宴招待群臣。梁武帝志得意满，对群臣说："朕终日听政，孜孜不倦，希望能知道自己的得失。你们可以说是人才济济，望畅所欲言。"

范缜为人耿直，站起来说："司徒谢朏徒有虚名，不涉政务，但陛下却如此重用。前尚书令王亮擅长治国，陛下却废为庶人。对此愚臣百思不解。"

梁武帝听了这番话，脸色变得十分难看，他厉声说："你还可以更改你所说的话。"范缜固执己见，并无惧色，梁武帝恼羞成怒，宴会不欢而散。

事后，御史中丞任昉上奏弹劾范缜，罗织罪名，诬陷范缜。梁武帝对任昉奏书表示赞同，并亲自写玺书责诘范缜，列举了王亮的十大罪状后，气急败坏地问范缜："对此你还有什么可说的，竟敢妄自喊冤鸣不平！"

在这种情况下，范缜自知有口难辩，对武帝所说

庶人 在古代，泛指无官爵的平民百姓。庶人还包括具有自由身份的劳动者及被免除人身依附关系的奴隶。唐以后，"庶人"一词使用渐少，逐渐为"民""百姓""黎庶""庶民"等所取代。

玺书 古代以泥封加印的文书。古代长途递送的文书易于破损，所以书于竹简木牍，两片合一，缚以绳，在绳结上用泥封固，钤以玺，故称玺书。秦以后专指皇帝的诏书。

北魏时期被毁坏的佛像

僧官　指管理寺庙和僧尼事务的职官，由僧人担任。清代吴敬梓《儒林外史》第四回："屠户拿着银子，一直走到集上庵里滕和尚家，恰好大寺里僧官慧敏也在那里坐着。"

只是支支吾吾，搪塞而已。但仍未能免除惩罚，被流放到广州。

梁朝时，南朝佛教进入了全盛时期。梁武帝笃信佛教，一时朝野上下，佞佛成风。但也就在此后不久，范缜不顾他被流放的不利处境，将《神灭论》充实完善，修订定稿，并在亲友中传播，再一次向佛教发出了挑战。

为了不让范缜的《神灭论》在更大的范围内流传，当时最高的僧官上疏给梁武帝说："范缜所著《神灭论》，群僚尚不知道它的观点，先以奏闻。"提醒梁武帝用皇帝的威严压服范缜。

于是，梁武帝又布置了对范缜的围攻。范缜对此毫不示弱，他坚持真理，绝不妥协，勇敢地接受了梁武帝萧衍以及众僧名士的挑战，并将《神灭论》改写成有宾有主、一问一答的文体，共设31个问答。

梁武帝见范缜不肯就范，于是唆使光禄寺大僧写了《与王公朝贵书》，发动朝野僧俗，一起上阵，轮番向范缜展开进攻。先后参加围攻的有64人，共拼凑了75篇文章。

可是，他们多是无真才实学的御用文人，才华、文笔、思辨能力距范缜相去甚远，只能以谩骂代替争论，指责范缜"欺天罔上""伤化败俗"，叫嚣取缔"妨政实多"的《神灭论》。

范缜从容自若，沉着应战，据理驳斥，史称"辩摧众口，日服千人"。在这场论战中，范缜终于以胜利者的姿态出现了，并被载入了史册。

梁武帝对范缜无可奈何，对他只好既不贬黜，也不升擢，让他位居中书郎、国子博士直到范缜去世。515年，范缜病逝。《神灭论》也未被取缔。

范缜的"神灭"思想对后来无神论和反佛教斗争的发展起到了积极影响，而他为坚持和捍卫真理而斗争的勇气，更是难能可贵。

阅读链接

范缜对佞佛成风大唱反调，向佛门信徒展开论战。

有一次，笃信佛教的竟陵王萧子良问范缜说："你不信因果报应，那为什么会有富贵贫贱？"

范缜说："人生如同树上的花同时开放，随风飘落，有的花由于风拂帘帷而飘落在厅屋内，留在茵席上；有的花则因篱笆的遮挡而掉进粪坑中。殿下就犹如留在茵席上的花瓣，下官就是落于粪坑中的花瓣。贵贱虽然不同，但哪有什么因果报应呢？"

萧子良不能驳倒范缜这番有理有据的答辩，无言以对。

隋朝大儒王通

　　王通（约584—617），字仲淹。生于隋文帝开皇四年绛州龙门，即今山西省河津。谥号"文中子"。隋朝著名教育家、思想家，隋朝大儒。对儒家发展作出巨大贡献，在历史上地位和作用非同寻常。

　　在哲学上，王通致力于探究"天人之事"，围绕"天人"关系这个核心，阐述了他关于自然观、发展现、认识论和历史观等方面的思想，表现了朴素唯物主义的倾向和主变思想。

　　在文学上，王通论文主理，论诗主政教之用，论文辞主约、达、典、则，主张改革文风，都有一定的进步意义，对后世都有一定的影响性。

■ 隋代教育家王通画像

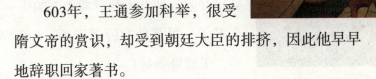

■ 隋文帝（541—604），即杨坚，鲜卑赐姓是普六茹，小名那罗延。汉太尉杨震十四世孙。隋朝开国皇帝，在位23年，谥号"文皇帝"，庙号高祖，尊号"圣人可汗"。他在位期间创造了辉煌的"开皇之治"，使我国成为盛世之国。隋文帝时期也是人类历史上农耕文明的巅峰时期。

王通出生于山西的一个王族世家。他自幼聪慧过人，博学广识，熟读经书，学识超人。10岁时即晓治乱兴邦之道，15岁已经把"五经"读完了，读完了后他就开始教书了，边教书边学习。18岁开始周游天下，遍访名师同道。

603年，王通参加科举，很受隋文帝的赏识，却受到朝廷大臣的排挤，因此他早早地辞职回家著书。

王通著书的决心很大，他用了9年的时间，写成《续诗》《续书》《礼论》《乐经》《易赞》《元经》，称作《王氏六经》。他著书的宗旨就是为了尊崇先人的经义，探究孔夫子最深刻的思想内涵，最终创立自己的学说，为儒学在隋唐之际的发展和重兴奠定了基础。

王通在写"六经"同时还聚徒讲学，培养了大批年轻人，这些人辅佐唐太宗打天下，成为唐朝的开国功臣。其门人多为盛唐栋梁，魏徵、房玄龄、杜如晦等开国功臣均出其门下，房玄龄、李靖、李密等都曾向其问学请益，受其影响。史称"迭为将相"。

虽然经过不少史学家考证魏、房、杜等人和王通

五经　指儒家的五圣经，即《周易》《尚书》《诗经》《礼记》《春秋》。汉武帝立五经博士，儒教国家化由此谓开端。《诗》教人温柔宽厚；《书》教人疏通知远；《乐》教人广博易良；《易》教人洁静精微；《礼》教人恭俭庄敬；《春秋》教人属词比事。

没有师生关系，但在交友、谈论与切磋之中也不免受其影响。

在王通隐居河汾的10余年间，朝廷曾经4次征召而不应。不是他无意于天下，而实在是未遇其时，这一点，王通异常清醒。就在他33岁那年，隋炀帝去世，天下大乱，群雄并起。他意识到澄清天下的机会来了，可是他却卧病在床。617年，王通卧病身亡。

王通死后，门人依据《论语》体例将其言行辑录成《文中子中说》，分《王道》《天地》《事君》《周公》《问易》《礼乐》《述史》《魏相》《立命》《关朗》10篇。其著作《续六经》包括《续诗》《续书》《礼论》《乐经》《易赞》《元经》共80卷，又称《王氏六经》，已佚。

我们今天研究王通的思想，主要依靠《文中子中说》一书。此书虽非王通所作，但其原本是王通门弟子姚义、薛收汇编而成的，大体上是弟子们对其师言行的回忆和追录。王通在《文中子中说》所反映的王通思想，有许多可贵之处。

在哲学上，王通提出了儒佛道相互人融合的主

先贤思想与智慧精华

张。王通处于儒佛道三教争衡碰撞的思想动荡时期，传统儒学教育的正统地位受到了十分严重威胁，而且儒家思想本身也出现陈旧和僵化的现象。

王通曾将《尚书·大禹谟》中"人心惟危，道心惟微"的话引入道德修养领域，将"道心"和"人心"对立地提出来，并同时提出了道与欲、道与利、德与功等对立的范畴，为唐宋诸儒探讨理欲等后世的理学核心问题提供了重要范畴。

为了振兴和发展儒学思想，王通认为一味地排斥佛道并非是良策，而应探索一条融汇三教的合理途径。为此，他以积极的态度吸收佛道思想及方法之长，为儒学的改造和发展提供了有益的养料。

他认为三教可以在相互吸收、取长补短的基础上朝着"使民不倦"的目标努力，共为加强对民众的思想控制出力。

王通阐述了他关于自然观、发展现、认识论和历史观等方面的思想，表现了朴素唯物主义的倾向和主变思想。时人邵博也称他甚至胜过荀子，将王通的地位摆在荀卿之上，直承孔孟，充分肯定了他对儒学发展做出的巨大贡献。

在教育方面，王通以昌

■ 隋炀帝（569—618），即杨广，一名英，小字阿䗋。华阴人，即今陕西省华阴县人，生于长安。隋文帝杨坚、独孤皇后的次子。他在位期间，因为滥用民力，造成天下大乱直接导致了隋朝的灭亡，后在江都被部下缢杀。

■ 隋代武士俑

明王道、振兴儒学为教育的根本目的。他认为，一个国家的兴衰要依靠各种人才，而人才的养成必经学校的培养，有了合格的人才王道才能昌明，儒学才能振兴。为此，他十分注重教材内容、教法等方面的改造与发展。

在教材内容上，他依据儒学发展的历史线索，主要结合两汉以后社会、习俗、学术、思想以及历代的统治得失等具体情况，对儒家传统思想进行阐发。所论虽然在大的框架上不出孔子思想的范围，但在思想内容上确有不少新的见解。

特别是注意到历史变迁给社会各方面带来的变化，读后可以开阔思路，从多角度深入地钻研问题。

王通在教法上的改进，主要从《中说》的具体教学记载中可以看到一些，和孔子教育思想在《论语》中体现大致相同。

首先，王通认为，教学和研究必须要随着时代和环境的变化而变化，并可以不断充实和改善教材的内容。否则，不纵观历史和现实的全面，只限于一孔之见、一家之言，不变通而只钻牛角尖，就会在治学和教人时处处碰壁。

其次，在教学中王通注重因材施教与兼收并蓄。对于不同的学生，在不同的时间、地点，他的讲说和论证就会有所变化。

比如，在与杜如晦论天时，他

■ 隋代骑马俑

则把天解释为自然；在宇文化及问到天道人事时，他又说"顺阴阳仁义"；并在其他场合把天解释为"气""鬼"等。

王通以上述诸物作比，都是为了说明天是有自己的规律的，应该顺应它，如果用一个确定的概念来说明或限制它，在当时的认识发展水平上还达不到。

在个人修养方面，王通提出了"穷理尽性"的道德修养方法。王通一生在为振兴儒学奋斗的同时，非常重视道德伦理方面的建设，尤其重视道德修养问题，并提出了有关的原则和方法。

王通首先说明了"人心"与"道心"的矛盾，以及如何防止"人心"泛滥和"道心"扩充的问题。在他看来，人的道心即是人类性善的本源，由此善性便可派生"仁、义、理、智、信"五常。

在道德修养方面，王通极力提倡"穷理尽性"的

宇文化及（？—619），鲜卑族，为隋炀帝近臣，618年禁卫军兵变，弑君隋炀帝，他自称大丞相，后率军北归，被李密击败，退走魏县，自立为帝，国号"许"，年号"天寿"，立国半年，翌年被窦建德击败，擒而杀之。

理论。他认为："《春秋》以物物，志定而后及也；《乐》以和，德全面后及也；《书》以制法，从事而后及也；《易》以穷理，知命而后及也。故不学《春秋》，无以主断；不学《乐》，无以知和；不学《书》，无以议制；不学《易》，无以通理。四者非其具体不能及。"

因此，不学《易》不可知命，"无以通理"。孔子读《易》"韦编三绝"，并不轻易与弟子言《易》，也是看到了《易》哲学的深刻性和重要性，把它当作某个学派、某个阶级、某个国家或某个圣贤思想高度凝练的结果。

宋代新儒学 是北宋出现的以阐发儒家经典义理为特征的哲学思潮，也就是理学或宋学思潮。北宋初期的范仲淹、欧阳修和胡瑗、孙复等人首倡，北宋中期周敦颐、邵雍、张载、程颢、程颐加以发展，朱熹集其大成。

■ 王通纪念祠

如果在读《易》知命的基础上真正的做到"穷理""尽性"，则可以做到符合时代的要求。王通认为人性都是善的，都具有本然的仁、义、礼、智、信"五德"。

这在人身上体现为人的本性，在宇宙及广大的社会中则称作天理。只有通过教育才能帮助人们养成完全的人格，达到"乐天知命，穷理尽性"的境界，最终被造就成"君子""圣贤"。

王通有关道德修养的主张是其为实现王道而进行的

教育的主要组成部分，也是他儒家教育思想的重要内容。其中的不少概念和提法是有创造性的，不仅在当时产生了影响，并为后世学者广泛地借鉴。

除了一般道德修养的问题之外，王通还从多方面、多角度探讨了仁义道德与功利私欲的关系，突出表现了他要存道义、去私利的主张和卫道精神。

戏剧中的王通脸谱

他斥责和讥讽那些只知"聚财"，不知"聚德"的豪门贵族和"靡衣鲜食之士"。赞扬了那些"重道义，轻王侯"的君子。

总之，王通提出了一系列后来成为理学思想的观点、范畴和命题，探讨新问题，运用新方法，在儒学发展上打下了多方面的基础，也对后来的"宋代新儒学"产生了深远的影响。

阅读链接

据说王通18岁考中秀才后西游长安，在太极殿觐见隋文帝，呈奏《太平十二策》，畅言王霸大略，以古证今，大有运天下于股掌之志。

隋文帝听后异常高兴，认为王通乃上天赐予的辅政之才，但下议公卿时却被冷落排挤。

王通本想做一番事业，所以才西游长安，准备像古人那样为苍生立命，可没想到时移势易，天下将变，皇帝又不能察断时局，他的主张和志愿就没有机会施展了，无奈，只好返回故乡。

改革思想家柳宗元

柳宗元（773—819），字子厚，世称柳河东、河东先生、柳柳州、柳愚溪。生于唐代河东郡，即今山西省永济县。

他是我国著名的杰出的诗人、哲学家、儒学家乃至成就卓著的政治家，"唐宋八大家"之一。

著名作品有《永州八记》等六百多篇文章，经过后人辑为三十卷，名为《柳河东集》。代表作有《溪居》《江雪》《渔翁》等，在我国文化史上，其诗、文成就均极为杰出，可谓一时难分轩轾。

■ 唐宋八大家之一柳宗元画像

■ 刘禹锡（772—842），字梦得。祖籍洛阳。唐朝著名的文学家、哲学家，唐代中晚期著名诗人，有"诗豪"之称。政治上主张革新，是王叔文派政治革新活动的中心人物之一。后来永贞革新失败被贬为朗州司马，即今湖南省常德。

　　柳宗元是个"神童"型的天才，史书称其小时候"精敏绝伦"，"为文章，卓伟精致"。20岁时与刘禹锡为同科进士，官授校书郎。

　　柳宗元在30岁时，他与刘禹锡等结识王叔文。王叔文等人看他是个奇才，把他提升为礼部员外郎，并准备大加重用。不久，王叔文革新失败，柳宗元也因为和王叔文的关系而被贬为邵州刺史。在去上任的半路上，又再次被贬为永州司马。

　　与此同时，刘禹锡和其他6人也都受到类似处分，这就是历史上的"二王八司马事件"。

　　永州地区当时甚为荒僻，是个人烟稀少令人可怕的地方。柳宗元被贬后，政敌们仍不肯放过他。造谣诽谤，人身攻击，把他丑化成"怪民"，而且好几年后，也还骂声不绝。

　　由此可见保守派恨他的程度。永州之贬，一贬就是10年。819年，柳宗元在柳州病逝。

　　在永州的10年，是柳宗元人生一大转折，是他继续坚持斗争的10年。在这里，他广泛研究古往今来关

王叔文（753—806），生于唐越州山阴，即今绍兴。唐代著名政治改革家。顺宗即位后，任命王叔文为翰林学士，实行改革。改革针对当时弊政，以打击宦官势力为主要目的。改革历时百日，后因俱文珍等人发动政变，幽禁顺宗，改革以失败告终。

天子 天之嫡长子。在我国古代时期，封建君主认为王权为神所授，其命源天对封建社会最高统治者的称呼。自称其权力出于神授，是秉承天意治理天下，故称帝王为天子，也自称为朕。朕代表皇帝的说法，出自秦国丞相李斯。他对秦始皇说："臣等昧死上尊号，王为泰皇。命为制，令为诏，天子自称曰朕。"

■ 柳宗元画像

于哲学、政治、历史、文学等方面的一些重大问题，撰文著书，《封建论》《非〈国语〉》《天照》《六道论》等著名作品，大多是在永州完成的。

柳宗元在文学上创造了光辉的业绩，在诗歌、辞赋、散文、游记、寓言、小说、杂文以及文学理论诸方面，都做出了突出的贡献。

他一生留下了有600多篇诗文作品，其诗多抒写抑郁悲愤、思乡怀友之情，幽峭峻郁，自成一路。骈文有近百篇，散文论说性强，笔锋犀利，讽刺辛辣。游记写景状物，多所寄托。哲学著作有《天说》《天对》《封建论》等。柳宗元的作品由唐代刘禹锡保存下来，并编成集。有《柳河东集》《柳宗元集》。

除对文学做出的巨大成就而外，柳宗元又是一位著名的思想家。一个积极投身于政治革新的人，推崇"古文"运动，必然是一个思想家。

柳宗元的哲学论著有《非〈国语〉》《贞符》《时令论》《断刑论》《天说》《天对》等。在这些论著中，柳宗元对汉代的大儒董仲舒鼓吹的天子受命之说持否定的态度，把董仲舒这样的人斥为"淫巫瞽史"，并指责他欺骗惑乱了后代。

柳宗元反对天符、天命、

天道诸说，批判神学，强调人事，用"人"来代替"神"，这在1000多年前的神学迷信思想占统治地位的封建社会中，是十分难能可贵的。

柳宗元还把对神学的批判变成对政治的批判，用朴素唯物主义观点解说天和人的关系，对唯心主义天命论进行批判。他的哲学思想，是同当时社会生产力的发展、自然科学所达到的水平相适应的。

他把古代朴素唯物主义无神论思想发展到了一个新的高度，是中唐时代杰出的思想家。

柳宗元所写的一些关于社会政治的理论论著，是他的政治思想的具体反映，也是他参与政治斗争的一种手段。

《封建论》是柳宗元最著名的政治论文。针对分封制和郡县制两种制度之争，柳宗元认为整个社会历史是一个自然发展的过程，有其不以人们的意志为转移的客观发展的必然趋势。分封制暴露出种种严重弊端，而新的郡县制能克服分封制弊端，有优越性和进步性，因而极力支持郡县制。

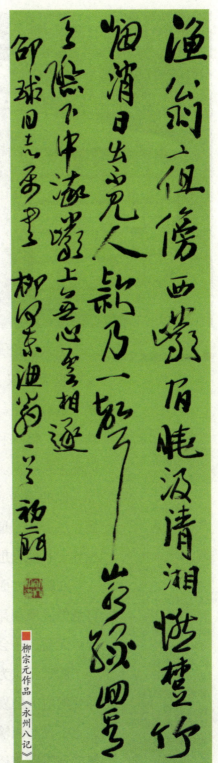

柳宗元作品《永州八记》

■ 柳宗元衣冠冢

秦始皇 首位完成中国统一的秦朝开国皇帝。他建立皇帝制度，中央实施三公九卿，地方废除分封制，代以郡县制，统一文字和度量衡，北击匈奴，南征百越，修筑万里长城，把我国推向大一统时代，为建立专制主义中央集权制度开创了新局面，对我国和世界历史产生了深远影响，奠定了我国两千余年政治制度的基本格局。

《六逆论》《晋问》等政论文，主张任人唯贤，反对世袭特权，甚至认为天子在用人问题上有了错误，也应改正。他重视农战的思想也比较突出，重视劝农耕，修水利，以利民、安民。柳宗元推崇儒学，但不主宗一家。

他的不少言论，往往从折中调和的立场，来对儒、法、释、道等各家学说作调和的解说，这是他思想异于其他思想家之处。

在教育方面，柳宗元认为天下万物的生长，都有自身的发展规律。因此必须顺应自然规律，否则不仅徒劳无益，还会造成损害。

柳宗元认为育人和种树的道理是一样的，育人同样要顺应人的发展规律，而不能凭着主观愿望和情感恣意干预和灌输。他赞赏韩愈的《师说》之论，也钦佩韩愈不顾流俗、勇于为师的精神，对当时社会上层士大夫耻于相互学习的风气感到痛心。

他说："举世不师，故道益离。"但他在师道观上又有自己的见解和实施方式。他写下了《师友箴》《答韦中立论师道书》《答严厚舆秀才论为师道书》等文章，阐述了自己的师道观。其核心观点就是相互学习，相互为师。

柳宗元充分肯定教师的作用。他认为无师便无以明白真理，要明白真理必从师。但是，他对韩愈不顾世俗嘲骂而"抗颜为师"的做法，他表示自己没有勇气这样做，但他又不是完全放弃为师，而是去为师之名，行为师之实。柳宗元谢绝结成正式师生关系的名分，不敢受拜师之礼。但对来向他请教问道者，他无不尽其所知给予解答，诚恳地指导后学者，确有为师

《师说》 韩愈任四门博士时作。是说明教师的重要作用，从师学习的必要性以及择师的原则。抨击当时士大夫之族耻于从师的错误观念，倡导从师而学的风气，同时，也是对那些诽谤者的一个公开答复和严正的驳斥。

103

中古时期

思想大哲

■ 柳宗元祠

柳宗元祠内的石鼓

思想宗师

先贤思想与智慧精华

之实。

他提出相互学习，相互为师的主张，即师生之间应和朋友之间一样，相互交流、切磋、帮助，在学术研讨上是平等的，而不是单纯的教导与被教导的关系。柳宗元的这一观点是传统师道观中有很大影响的一种学说，尤其是在高层次的教学活动中，更有借鉴意义。

阅读链接

柳宗元被贬官到永州，那里是丘陵地区，城外有着大片大片的荒地。看到百姓艰苦贫困的生活，柳宗元下决心改善这样的面貌。

他以父母官的身份，号召、组织乡间的闲散劳力，开荒垦地，种树种菜，鼓励发展生产。有了足够的土地才能生产出足够的粮食和蔬菜，人民的生活才能走出饥饿和贫穷。

在柳宗元的努力下，柳州可耕种土地面积大增。仅大云寺一处开出的荒地就种下了竹子3万竿，种菜百畦。他为改造一方水土，立下了不灭的功勋。

通儒大师

　　从五代十国至元代是我国历史上的近古时期。五代十国政权屡变，儒学受到冲击。陈抟虽然在这种情况下隐遁山林，但他汇黄老及儒、释、道于一流，对宋代理学产生了较大影响。

　　宋代理学是儒学的一种历史形态，周敦颐、朱熹重释儒学后形成的理学，是对儒学的复兴。元代许衡的理学传播，促进了当时多元一体的文化格局。

太极文化创始人陈抟

陈抟（约871—约989），字图南，号扶摇子，赐号希夷先生，人称陈抟老祖、睡仙和希夷祖师等。五代时期宋初著名道教学者，隐士。

他继承汉代以来的传统，把黄老清静无为思想、道教修炼方术和儒家修养、佛教禅观汇归一流，对宋代理学有较大影响。

他是传统神秘文化中富有传奇色彩的一代宗师，是太极文化的创始人之一，深深地影响了宋代理学。

■ 被后人称为"陈抟老祖"的陈抟画像

■ 吕洞宾 原名吕喦，"喦"或作"岩""嵒"，字洞宾，道号纯阳子。唐代人。著名的道教仙人，八仙之一，道教全真派北五祖之一，全真道祖师，内丹派和三教合流思想的代表人物。

陈抟年少时，好读经史百家之书，一见成诵，无一遗忘，颇有声名。五代后唐时，他举进士不第，于是不求仕进，从后晋至后周，娱情山水20余年。

大约在后周或稍前，陈抟移居华山云台观，驻足于少华石室。在此期间，他与另外两位传奇人物吕洞宾等人交往甚密。

陈抟将五代十国的统一寄希望于赵光义。据说宋太宗赵光义曾两次召见他。陈抟身穿羽服在延英殿面君，礼仪隆重。陈抟离开京都后，曾在武当山隐居。

据传说，有一天，有5位老叟来问陈抟周易八卦大义，陈抟便传授他们听。陈抟见五叟颜面如玉，便求教颐养之方。

5位老叟把蛰伏法传给了他。原来蛰伏法是模仿龟蛇一类动物入冬即蛰伏不食的方法。据说陈抟得了这种方法，就能辟谷了，有时一睡就几个月不起。

转眼20多年过去了，一天，5位老叟对陈抟说："我们是日月池中的5条龙，受先生讲诲之益，愿送先生一个好地方。"于是令陈传闭上眼睛，将他夹在翼下，飞升而行。

辟谷 又称"却谷""断谷""绝谷""休粮""绝粒"等，即不吃五谷，而是食气，吸收自然能量。过去是道家当作修炼成仙的一种方法，而今是辟谷养生指导师运用能量来修养身心。现代人食物丰富，辟谷是为了调理身体，解脱亚健康。

■ 北宋时的青瓷龙纹饰瓶

陈抟只觉得两脚腾空，耳边风声呼呼，顷刻间脚跟着地，睁眼一看，不见了五老，自己落在了西岳华山的九石岩上，因此，陈抟就在此隐居下来。

989年，陈抟仙逝于莲花峰下张超谷中。据说陈抟在临终前，屈膝盘坐在地上，右手支颐，闭目而逝。门人于是制作了石匣盛放他的尸体，并用几丈长的铁索锁住，安放在石室内。

门人刚一离开，那块岩石自己崩塌，立刻变成了绝壁。只见五色祥云，封住谷口，几十天后才渐渐散去，后人于是把这个地方叫作希夷峡。

宋徽宗时，道士徐知常游华山，见峡上有铁索垂下，便攀缘而上，来到一个石室。见到石匣，打开一看，只有仙骨一具，但香气逼人。徐知常整好石盖，攀缘而下，并上奏皇帝。宋徽宗便派徐知常带上御香一炷，欲取仙骨供养在宫廷。

徐知常（1069—1154），字子中，福建建阳人。北宋道士。善写文章，长于吟咏，精通道家经典，是北宋著名的宗教画家。他根据道家经典的神仙故事作画，取材全面，结构完整，富于艺术性，画作被收入《宣和画谱》。

■ 宋徽宗（1082—1135），名赵佶。神宗第十一子。宋朝第八位皇帝。赵佶在位25年，国亡被俘受折磨而死，葬于永佑陵。他自创一种书法字体被后人称为"瘦金书"，另外，他在书画上的花押是一个类似拉长了的"天"字，据说象征"天下一人"。

陈抟隐居武当山时，曾作诗81章，名《九室指玄篇》，言修养之事。又撰有《入室还丹诗》50首，《易龙图》《赤松子八诫录》《人伦风鉴》等各一卷。

另有《三峰寓言》《高阳集》《钓潭集》及诗600余首，还传有《无极图》和《先天图》等。

《全宋文》收录陈抟数篇文章。《正统道藏》题名陈抟的作品有《阴真君还丹歌注》。南宋吕祖谦编《皇朝文鉴》，收录陈抟《龙图序》。

元代张理《易象图说内篇》收《易龙图》序及数幅图式，可考见其易学象数思想。曾慥《道枢·观空》录有陈抟论说，又可见其观"五空"思想。总之，陈抟是个博学精深的学者和隐士，他的个人成就，亘古以来无人企及。

陈抟创绘"太极图""先天方圆图"等一系列《易》图，成为我国太极文化的创始人。在陈抟以前未见有"太极图"，也未形成太极文化形态及其理论体系。

自陈抟创绘出"太极图""先天方圆图""八卦生变图"等一系列《易》图，并发表《太极阴阳说》后，才出现了有宋代大儒们的《太极图说》《太和论》《皇极经世》及《易传》等著作，从而才有中华独

易学 源于易经之学，简称易学。它起始于占卜但高于占卜，易学在发展过程中，逐渐分成易理易学、象数易学、数理易学、纳音易学几大类。易学的主要奠基人为伏羲、周文王与孔子。

象数 易学术语。《易》的组成要素。在《周易》中"象"指卦象、爻象，即卦爻所象之事物及其时位关系；"数"指阴阳数、爻数，是占筮求卦的基础。"象""数"含义不断扩展，演变成包含天文、历法、乐律、道教、养生在内的庞杂的象数学体系。

■ 张载（1020—1077），又称张子，字子厚。祖籍大梁，即今河南省开封。封先贤，奉祀孔庙西庑第三十八位。谥号"明公"。北宋思想家、关学的创始人，理学奠基者之一。与周敦颐、邵雍、程颐庙、程颢庙合称"北宋五子"。其学术思想在历史上占有重要地位。

有的太极文化形态和一系列理论形成。

尤其是宋代理学家张载继承陈抟的"宇宙一气论"，提出了"太虚即气论"，两者契合，成为宋代唯物论的先源。

不难看出，陈抟是当之无愧的中国太极文化的创始人，宋代理学的奠基人。

陈抟著《易龙图序》、传河洛数理，成为我国"龙图"的第一人。"龙图"又名"河图"，是"龙马始负图"和"河龙图发"传说的简称。早在《尚书·雇命》中有"河图"记载，因未见图，所以后世学者争论不休，各说不一。

五代后周研究者认为，"龙图"是一个物象数理起源图示。后来科学家认定"河图为数学之母""数学为科学之母"，因而才知道《河图》的重大作用。

"龙图"给南宋数学家秦九韶的《数术九章》以启迪作用。秦九韶在自序中说他的数学基础"自爱河图洛书，八卦九畴"，即为明证。可见陈抟应是我国"龙图"第

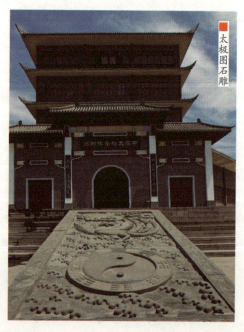

太极图石雕

一传人。

陈抟注释《正易心法》，倡先天易学，为我国自然科学的发展提供了有力参考。他的先天易学，是宋代新易学始祖。他把"道儒佛"三家之学融合在一起，三教互补，融会贯通，形成我国古代完整的哲学体系。

陈抟认为，《周易》为儒家一家之言，已不能适应社会发展的需要。因此，他主张融合儒释道三家以治《易》，以治学，以治心，以治身，以治天下一切。

在这一学术思想的指导下，陈抟的第三弟子、大儒邵雍研究先天易学长达30年之久，"冬不炉，夏不扇"，写出了《皇极经世》巨著，至今仍是物理学、天文学、生态学、自然环境学等自然科学的重要参考工具书。

陈抟著《指玄篇》《观空篇》《胎息诀》和《阴真君还丹歌注》等，并亲自实践，以至成为天下"睡仙"第一人。

陈抟十分推崇《无极图》，并指导和完善道教内丹哲理，不仅使自己率先成为天下睡功第一，而且把秘而不传的内丹学说公开化、社会化，推动了中华全民健身运动发展，功在千秋。

陈抟摈弃外丹，注重内丹。他强调控制人的欲

■ 中华名著《易经》

邵雍（1011—1077），字尧夫，自号安乐先生、伊川翁，后人称百源先生。北宋哲学家、易学家，有内圣外王之誉。谥"康节"。创"先天学"，以为万物皆由"太极"演化而成。著有《观物篇》《先天图》《伊川击壤集》《皇极经世》等。

望，不让野蛮的欲望泛滥，实现诸欲不扰的内丹修炼目的。像这样的强身延年的内丹修炼法则，至今仍具有重要的现实意义。

北宋时的道教神像

陈抟著《龟鉴》《心相篇》等，把我国古代相学引向唯物论的范畴。

《龟鉴》明言：有天有地而人事不修，是徒有人相。人不可貌相，只要人在自然界，只要靠劳动和智慧去换取生活财富；只要身处世间，以"道德仁义礼"等的中华民族美德来规范自己，使"天地人"三者协调一致，不妄想，不妄为，这是人的全相、贵相、富相、寿相的重要标志。

他把自然中的水和火认作人的生命之源，重申了古代唯物哲学家认为宇宙万物的本源是物质的观点，维护了唯物的"天人相应论"。

陈抟著《三峰寓言》《高阳集》《钓谭集》《木岩集》《诗评》等，表达了他与世不争，不贪富贵，不求仕禄的情操，不仅受到社会人士的普遍尊重，而且受到朝廷多次召见。

周世宗赐他为"白云先生""希夷先生"，唐僖宗赐他为"清虚处士"。陈抟是中华民族古代史、政治史、文化史上的一位著

■ 周世宗（921—959），即柴荣。生于邢州尧山柴家庄，即今河北省邢台市。五代时期后周皇帝。在位6年。谥号"睿武孝文皇帝"，庙号世宗。史载其"器貌英奇，善骑射，略通书史黄老，性沉重寡言"，他是周太祖郭威的养子。

■ 古人下棋壁画

名的"道德文章已系于一身"的楷模。

　　陈抟精通棋艺，立下了健脑益智之功。弈棋是我国一门增知强身的一项体育运动，古往今来受到社会的普遍重视。

　　四川省邛崃县的白鹤山点易洞对面有棋盘山仙人洞，是陈抟修炼时常弈棋的地方；华山至今还保留着一个"博台"俗称"下棋亭"，传说陈抟与赵匡胤以棋局赢华山，其遗迹在此。"自古华山不纳粮"，传说就是讲的这个故事。

　　陈抟书写"福寿"2字，独具特色，为后世所推崇。今安岳、大足、潼南、峨眉山、华山、蓬莱仙境等全国各地，皆保存了陈抟书写的"福寿"2字石刻。

　　此二字独具特色，内含哲理，受到世人的赞叹。其寓意是宣传道家人与自然、注重生态平衡、保护自

　　唐僖宗（862—888），即李儇，本名李俨。唐懿宗第五子。唐朝第十八位皇帝（武则天除外）。在位13年。谥号"惠圣恭定孝皇帝"。懿宗病重弥留之际，他在宦官的支持下被立为皇太子，并于懿宗死后柩前即位。888年3月6日死于长安。

■碑刻

丹术 原称炼丹术，是以炉鼎烧炼矿物类药物，制取"长生不死"仙丹的一种实验方术。丹术是化学的前驱。迄今应用在中医临床上的丹术的炼制品，称为丹剂。如小金丹、大活络丹、红升丹、白降丹等。

然环境、粗食布衣等哲学思想，为后人留下一笔宝贵财富。

陈抟的所有个人成就，奠定了他恒久的历史地位，对后世的影响久远而深刻。我国的医学、兵法、丹术、算学、文学、堪舆、遁甲等学科，有很多是从陈抟那里援引和吸收的。陈抟对我国文化的贡献不可磨灭，并将历久弥新！

阅读链接

《坚瓠集续》中有个陈抟大睡觉的故事：

他在华山云台观修道，每日独睡不起。周世宗好奇，派人将其召到宫中锁房子里。一个多月后开门看时，他仍在酣睡。

周世宗疑问，他作歌道："臣爱睡，臣爱睡。不卧毡，不盖被。片石枕头，蓑衣铺地。震雷掣电鬼神惊，臣当其时正鼾睡。闲思张良，闷想范蠡，说甚孟德，休言刘备，三四君子只是争些闲气。怎如臣向青山顶上、白云堆里、展开眉头、解放肚皮、且一觉睡。管甚玉兔东升，红日西坠。"

理学派开山鼻祖周敦颐

周敦颐（1017—1073），字茂叔，号濂溪。祖籍是宋营道楼田堡，即今湖南省道县，生于广西贺州桂岭镇。谥号"元公"。北宋著名哲学家。

他是学术界公认的理学派开山鼻祖，他的理学思想在中国哲学史上起了承前启后的作用，对以后理学的发展有很大的影响。是学术界公认的宋明理学开山鼻祖。

周敦颐出于舂陵，乃得圣贤不传之学，其著作有《爱莲说》《周元公集》《太极图说》等。

理学派开山鼻祖周敦颐画像

■ 宋仁宗（1010—1063），初名受益，后赐名赵祯。宋真宗的第六子。北宋第四代皇帝。在位41年。谥号"体天法道极功全德神文圣武睿哲明孝皇帝"，其陵墓为永昭陵。其时内部官僚，外部边患危机，虽一度推行"庆历新政"，但未克全功。

周敦颐从小就很喜爱读书，在家乡颇有名气，人们都说他志趣高远，博学多才，有古人之风。由于大量广泛地阅读，他接触到许多不同种类的思想。

从先秦时代的诸子百家，直至汉代才传入我国的印度佛家，他都有所涉猎，这为他而后精研我国古代奇书《易经》、创立先天宇宙论思想奠定了基础。

15岁时，他和母亲一同到京城，投奔舅父郑向，郑向当时是宋仁宗朝中的龙图阁大学士。这位舅父对周敦颐母子十分眷顾。他在20岁时，舅父向皇帝保奏，为他谋到了一个监主薄的职位。

周敦颐在任职期间，尽心竭力，深得民心。在生活中，周敦颐开

■ 周敦颐故里纪念牌坊

始研究《周易》，后来终于写出了他的重要著作《太极图说》。在这本书中，周敦颐完整而系统地表述了他的宇宙观，或者说宇宙生成论。

■ 周敦颐故里书房

由这一宇宙观所形成的哲学思想、伦理道德观及其教育思想、政治思想，共同奠定了周敦颐"理学派开山鼻祖"的历史地位。

《太极图说》的首句是"无极而太极"，这是对后世影响极大的著名论断。这一著名论断，是周敦颐宇宙生成论也是周敦颐整个哲学思想中，最为光辉的思想和最为巨大的成就；是自宋代以来争论最多、分歧最大的关于宇宙本原的重大理论问题。

周敦颐将宇宙本原推定为无极，并认为无极在太极之先，太极是由无极产生的。换句话说，将无极用于指宇宙本原，这是周敦颐的首创。

对于动与静的问题，周敦颐已经初步认识到，宇

无极 原指"无边际，无穷尽"，出自《庄子·逍遥游》；也指一种古代哲学思想，指称道的终极性的概念。古圣先贤把宇宙混沌状态称为"无极"。"无极"一词在文言文中是表示"没有中心"的意思。代表着上古华人对宇宙大爆炸之前状态的抽象理解。

元气 指天地未分前的混沌之气，泛指宇宙自然之气。也指人的精神，精气。我国古代朴素的"元气论"认为"元气"是构成宇宙万物的最本质、最原始的要素，它的源头可认为是老子的"道"。

宙万物的生成发展，都是在绝对运动与相对静止中实现的。为此，他提出了贯穿宇宙生成各个大的序列、各个小的环节和各种不同现象的动静观，特别是太极生阴阳的动静观。

周敦颐认为，阴阳均由太极演化而成，演化的具体过程和形式就是太极自身的运动，包括相对的静止。前人的材料虽然给了周敦颐以启迪，但将阴阳的属性用作阴阳的产生，仍然不失为一种理论的创见。

周敦颐的伦理道德观包括两个基本的方面，一是伦理道德的起源，一是伦理道德的规范。

周敦颐认为，道德是人类社会发展到一定阶段一定程度的产物，同时，道德规范是由"圣人"提出来的，而按照周敦颐修养至圣的观点，"圣人"则是由"凡人"修养而成的。

周敦颐的关于伦理道德的规范，主要体现为一个

■ 周敦颐祠堂内的爱莲池

北宋城墙遗址

"诚"字。"诚"本身是纯粹至善的，而"诚"的纯粹至善是从阴阳未分的元气中来的。由此可知，在周敦颐的思想体系中，"诚"与道德的关系是源与流的关系，是继承与发展的关系。

关于修养，周敦颐认为，人是太极自身不断运动的结果，人是最高级的太极形态。这就决定了他的修养观的两个内容，一是修养目标与修养内容；二是修养方法。不同层次的人，所追求的修养目标也不一样，但都是以比自己高一层次的境界作为具体努力的目标。

周敦颐将人的这种修养目标划分为3个不同层次：圣希天，贤希圣，士希贤。士希贤，即士的修养以贤为榜样；贤希圣，即贤人的修养以圣人为目标；圣希天，是道德修养的最高目标。

至于修养方法，周敦颐强调，要立志，要多思，要立诚，要慎动，要务实，要爱人敬人，等等。但是，在周敦颐的修养论中，最核心的思想是无欲主静，主静的前提是无欲。

他在《太极图说》中为"主静"2字作注说："无欲故静。"他还在《通书·圣学》中说："无欲则静虚动直。"学做圣人的要旨就是"无欲"。

贤人 有才有德的人，所爱好、厌恶的情感与人民完全相同，想要选择与舍弃的事物与人民完全一致。当他身为平民时有志向、有抱负，希望能够身居高位为人民造福，成为王侯将相时也不积攒财物。这样的人，就可以称作贤人。

思想宗师

先贤思想与智慧精华

■ 周敦颐祠堂牌坊

当然，周敦颐所说的无欲是有条件的，并非凡欲皆无。他提倡爱敬，提倡向所有人学习长处，这样的"欲"也是不能没有的。

周敦颐的教育伦理思想主要包括教师职业伦理、教育目的伦理、德育伦理和教学伦理等方面。

周敦颐十分重视教师在培养人方面的作用。他指出，教师的职责是教人为善的，首先必须树立教师道德形象；教师要有高度的责任感，在道德修养上要有高度的自觉性；教师要善于用历史名人的品德故事启发学生的道德思维，提高学生的道德认识水平。

周敦颐十分注重教育目的的伦理。他认为，教育目的是要培养圣人、贤人，如"圣希天，贤希圣，士希贤"。由此可见，周敦颐所主张的教育目的，是要培养圣人、贤人和立志做贤人之士的。

周敦颐的德育伦理思想十分丰富，他强调德育的重要意义；强调要以"仁、义、中、正、礼、智、

信、诚、公"等作为德育内容，要求人们的思想言行真正符合仁义礼智信；周敦颐继承孔子"仁者爱人"的思想，并加以发展，把仁的范围扩宽到万物；要求以"义"端"正万民"，使万民的行为表现出生生不息之意，符合补会的正确规范；强调思虑言行都符合礼；等等。

在教学伦理方面，周敦颐重视礼和乐的教育作用，把当时君臣、父子、兄弟、夫妇的封建伦理道德看成是自然之理，把统治者关于社会制度、伦常、节仪的条文规定的《礼》视为"理"；重视文辞的德育作用，在不忽视文才培养的同时，注重圣道的传授，肯定"文以载道"说，而道是最根本的；重视"恩'的教学原则和方法，注重启发学生思维。

周敦颐的政治思想包括4个方面。

第一是立"诚"以修身。

在周敦颐看来，"诚"是纯粹至善的做人之本，是道德的最高境界，是儒家所主张的仁义礼智信"五常"及一切德行的基础，是世间万事万物的行为准则。一个人，只有不断追求"诚"并实践"诚"，

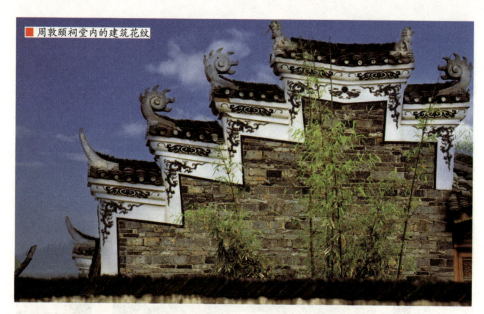
■ 周敦颐祠堂内的建筑花纹

才能真正实现仁义的目标。

为此，要让心性保持一种清净澄明的状态，通过不断自我反省和感悟，如此方能立于人上；要安贫乐道，淡泊名利，而不要沉溺于单纯的物质享受。

第二是守"洁"以处世。

周敦颐反复强调为官为人要始终洁身自爱。在千古名篇《爱莲说》中，周敦颐以莲的品格自励，认为人生在世当洁身自爱、守洁重节，如此方能保持独立的人格，立于不败之地。为此，要有自尊意识，要有自立精神，要有自爱品格。

第三是奉"公"以为政。

"公"是周敦颐从政的基本理念，也是他为官的最低尺度。他提倡克己奉公，提倡务实守拙，他认为一个人只有时时事事处处持以公心，方可达到圣人的境界。

第四是求"仁"以爱民。

他认为，为政者施行仁政首要的就是爱民。为此，要重教化，要慎刑罚，要倡宽容。

周敦颐完整的理学思想体系，是他给予世人最大的贡献，是留给后世的一笔巨大的精神财富，对当时乃至后来都产生了深远的影响。

周敦颐的哲学思想，在理学开创事业上具有的伟大贡献，为而后博大精深的宋明理学提供了核心和骨架。

周敦颐的伦理道德观及其教育思想，使儒家伦理的"人道"纳入宇宙论体系的"天道"之中，而他提出的"无极而太极"的命题与"人和达天地"的思想，将我国传统的宇宙本原学说和天人合一学说推向了一个崭新的阶段。

周敦颐的政治思想具有一定的现实意义，其"修身、廉洁、奉公、爱民"的廉政思想，直至现在，对于我们倡导领导干部廉洁自律，推动反腐倡廉建设，仍有着重要的意义。

被誉为"现代新儒家"的冯友兰在《中国哲学史新编》中认为："道学对于中国的封建社会起了巩固的作用。但在当时的世界中，封建还是进步的社会制度。中国就是以它的封建文化领导东亚各国，影响欧洲国家。就全世界范围看，对于中国这一段光荣历史，道学也是有贡献的。"

阅读链接

1044年，周敦颐调南安军司理参军。第二年，南安有个囚犯，罪不应死，而转运使王逵残酷凶悍，决定严加处理，众官虽觉不当，但他们慑于王的权势，不敢出面争辩。

这时，周敦颐站了出来，与王逵据理力争，坚持自己的观点，应当依律决狱。

王逵不听，周敦颐愤怒地扔下手中记事的笏板，准备弃官以示抗争，并且气愤地说："难道可以这样做官吗？用杀不该处死的人的办法取悦上级的事情，不是我该做的。"

王逵终于省悟，放弃了原来的意图，囚犯才幸免于死刑。

集理学大成者朱熹

朱熹（1130—1200），字元晦、仲晦，号晦翁、云谷老人、沧州病叟等，世称"朱子"。生于宋代南剑州尤溪，即今福建省尤溪县。谥号"文"，爵位徽国公。他在为政期间，申敕令、惩奸吏、治绩显赫。

南宋著名的理学家、思想家、哲学家、教育家、诗人，闽学派的代表人物。他继承了北宋程颢、程颐的理学，完成了理气一元论的体系，是宋代理学的集大成者。

■ 宋代理学的集大成者朱熹画像

朱熹从小就博览群书，广读辞章，出入释、道，对各种学问有着极为广泛的兴趣。18岁中进士，曾担任过秘阁修撰等职。

从24岁起，他受学于程颐的三传弟子李侗，开始真正走上理学的发展道路。他继承周敦颐，程颐、程颢等人的思想，兼采释、道各家思想，集理学之大成，构建起了一个规模庞杂而又不失缜密精致的思想体系。

朱熹哲学的核心范畴是"理"，或称"道""太极"。朱熹所谓的理，有几方面都有互相联系的含义：

首先，理是先于自然现象和社会现象的形而上者。他认为理比气更根本，逻辑上理先于气；同时，气有变化的能动性，理不能离开气。他认为万物各有其理，而万物之理终归一，这就是"太极"。其次，理是事物的规律。还有，理是伦理道德的基本准则。

朱熹又称理为

■ 程颐画像

■ 朱熹传世墨宝

秘阁修撰 宋代官名。1116年置为贴职。所谓贴职，宋代凡以其他官兼领诸阁学士等职名及三馆职名者，就称贴职。秘阁修撰用以待任馆阁职资历深者，多由直龙图阁迁任。

■ 朱熹祠堂正厅

程颐 （1033— 1107），字正 叔。为程颢之胞 弟。北宋洛阳伊川 人，人称伊川先 生。北宋理学家和 教育家。与其胞 兄程颢共创"洛 学"，为理学奠定 了基础。与其兄 程颢不但学术思 想相同，而且教育 思想基本一致， 合称"二程"。

太极，"太极只是一个'理'字"，是天地万物之理的总体，即总万理的那个理。太极既包括万物之理，万物便可分别体现整个太极。这便是人人有一太极，物物有一太极。每一个人和物都以抽象的理作为它存在的根据，每一个人和物都具有完整的理，即"理一"。

在朱熹哲学体系中，仅次于理的第二个范畴是"气"。它是形而下者，是有情、有状、有迹的；它具有凝聚、造作等特性。它是铸成万物的质料。

朱熹认为，天下万物都是理和质料相统一的产物。理和气的关系有主有次。理生气并寓于气中，理为主，为先，是第一性的，气为客，为后，是属于第二性。

朱熹主张理依气而生物，并从气展开了一分为

二、动静不息的生物运动，这便是一气分作二气，动的是阳，静的是阴，又分作五气即金、木、水、火、土，散为万物。

朱熹认为，一分为二是从气分化为物过程中的重要运动形态。他探讨了事物的成因，把运动和静止看成是一个无限连续的过程。时空的无限性又说明了动静的无限性，动静又是不可分的。这表现了朱熹思想的辩证法观点。

朱熹还认为动静不但相对待、相排斥，并且相互统一。朱熹还论述了运动的相对稳定和显著变动这两种形态，他称之为"变"与"化"。他认为渐化中渗透着顿变，顿变中渗透着渐化。渐化积累，达到顿变。

朱熹用《大学》"致知在格物"的命题，探讨认识领域中的理论问题。在认识来源问题上，朱熹既讲

形而下 形而上的东西是抽象的，既是指哲学方法，又是指思维活动。形而下则是指具体的东西或器物。人的认识和认识的积累与提高，有形而上与形而下之分。形而上是对具体客体的抽象和超越，也可以叫哲学；形而下是以具体的客体为基础的研究，也可以叫科学。

■ 朱熹讲学蜡像

《楚辞》 又称
"楚词"，是战
国时代的伟大诗
人屈原创造的一
种诗体。作品运
用楚地的文学样
式、方言声韵，
叙写楚地的山川
人物、历史风
情，具有浓厚的
地方特色。汉代
时，刘向把屈原
的作品及宋玉等
人"承袭屈赋"
的作品编辑成集，
名为《楚辞》。

■ 朱熹蜡像

人生而有知的先验论，也不否认见闻之知。他强调穷理离不得格物，即格物才能穷其理。

朱熹探讨了知行关系。他认为知先行后，行重知轻。从知识来源上说，知在先；从社会效果上看，行为重。而且知行互发，"知之越明，则行之越笃；行之越笃，则知之益明"。

在人性论上，朱熹发挥了张载和程颐的天地之性与气质之性的观点，认为天地之性或天命之性专指理言，是至善的、完美无缺的；气质之性则以理与气杂而言，有善有不善，两者统一在人身上，缺一则做人做事不得要领。

与天命之性和气质之性有联系的，还有"道心、人心"的理论。朱熹认为，"道心"出于天理或性命之正，本来便禀受得仁义礼智之心，发而为恻隐、羞

恶、是非、辞让，则为善。"人心"出于形气之私，是指饥食渴饮之类。如此看来，即使是圣人也不能无人心。不过圣人不以人心为主，而以道心为主。

■ 朱熹纪念祠堂

他认为，道心与人心的关系既矛盾又联结，道心需要通过人心来安顿；道心与人心还有主从关系，人心须听命于道心。

朱熹从心性说出发，探讨了天理人欲问题。他以为人心有私欲，所以危殆；道心是天理，所以精微。因此朱熹提出了"遏人欲而存天理"的主张。朱熹承认人们正当的物质生活欲望，反对佛教笼统地倡导无欲，他反对超过延续生存条件的物质欲望。

朱熹的哲学体系中含有艺术美的理论。他认为美是给人以美感的形式和道德善的统一。基于美是外在形式的美和内在道德的善相统一的观点，朱熹探讨了

儒家 又称儒学、儒家学说，或儒教，是我国古代最有影响的学派。做为华夏固有价值系统的一种表现的儒家，并非通常意义上的学术或学派，它是中华法系的法理基础，对我国以及东方文明发生过重大影响并持续至今的意识形态，儒家思想是东亚地区的基本文化信仰。

文与质、文与道的问题。认为文与质、文与道的和谐统一才是完美的。

朱熹还多次谈到乐的问题。他把乐与礼联系起来，贯穿了他把乐纳入礼以维护统治秩序的理学根本精神。

朱熹对文、道关系的解决，在哲学思辨的深度上超过了前人。他对《诗经》与《楚辞》的研究，也经常表现出敏锐的审美洞察力。

朱熹是理学集大成者，是我国封建时代儒家的主要代表人物之一。

在当时的历史条件下，朱熹利用他所掌握的丰富的自然科学知识和社会科学知识，对哲学上的许多问题，如理气、一多、知行、理欲及一分为二等都提出了自己的看法，一直是封建统治阶级的官方哲学，标志着封建社会意识形态的更趋完备。并为后人留下了可供探讨的新问题，他的哲学思想是我国封建社会唯心主义发展的最高峰。

有人曾把朱熹比为"中国的黑格尔""中国的康德"，虽然不一定恰当，但朱熹哲学思想的成就和影响确实是不可低估的。

先贤思想与智慧精华

阅读链接

有一次，朱熹去看望女儿。女儿事前不知道父亲要来，就只能做了一些葱汤、麦饭招待父亲。因为食物粗淡，女儿心中深深地感到不安。

朱熹从女儿的脸色上看了出来，却不动声色，而且吃得津津有味。吃毕了饭，他即景抒怀，写了一首感情真挚、风趣盎然的诗："葱汤麦饭两相宜，葱补丹田麦疗饥。莫谓此中滋味薄，前村还有未炊时。"

朱熹的诗使女儿不仅减轻了心中的愧疚不安，而且受到了节俭朴素和同情贫贱的教育，还学到了一些养生知识。

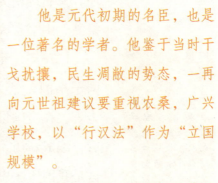

通儒和学术大师许衡

许衡（1209—1281），字仲平，学者称鲁斋先生。祖籍怀州河内，即今河南省焦作市。谥号"文正"，追赠荣禄大夫司徒。元初时期著名的理学家、教育家和天文历法学家是元代百科全书式的通儒和学术大师。

他是元代初期的名臣，也是一位著名的学者。他鉴于当时干戈扰攘，民生凋敝的势态，一再向元世祖建议要重视农桑，广兴学校，以"行汉法"作为"立国规模"。

他最重要的建树在理学领域，是金元之际南方理学北传的倡导人物之一。

■ 学术大师许衡画像

忽必烈（1215—1294），即孛儿只斤·忽必烈。蒙古族。成吉思汗嫡孙，监国托雷第四子，元宪宗蒙哥弟。元朝的创建者，在位35年，谥号"圣德神功文武皇帝"，庙号世祖，蒙古尊号"薛禅汗"。蒙古族光辉历史的缔造者，蒙古族卓越的政治家、军事家。

许衡从小就与众不同，7岁入学时，常问老师一些稀奇古怪的问题，让老师非常地惊奇，以至认为这个孩子太聪明了，自己教不了他，辞去教席。

这样的情况发生过好几次。等到许衡年龄稍大一点，爱好读书，如饥似渴，虽逢乱世道，但他夜思昼诵，勤学不辍。后来他住在苏门山，与当时的理学名家姚枢、窦默互相切磋，研究学问。凡是经传、子史、礼乐、名物、星历、食货、水利等，无所不讲，慨然以传播道义为己任。

254年，忽必烈在秦中成为亲王，以姚枢为劝农使，又召许衡为京兆提学。此后，许衡先后担任国子祭酒、中书省议事、集贤大学士兼国子祭酒等职。

1276年，元世祖忽必烈任命许衡为集贤大学士兼国子祭酒，领太史院事。许衡与郭守敬研制出仪象圭表，在全国设置了27所观测台。经过数年实际观测后，编成新历，皇上赐名为《授时历》，颁行天下。这是我国历法史上又一次重大改革。

1280年6月，许衡因疾病请求告老还乡。皇太子为此请求皇上，任命许衡儿子许师可为怀孟路总管，来奉养许衡。

1281年，许衡去世。四方学士听到讣告，都相聚

姚枢（1201—1278），字公茂，号雪斋，又号敬斋。元初重臣和著名理学家。姚枢本是金朝人，投蒙古窝阔台汗后得到重用。自此，他为保存弘扬中原传统文化，特别是为程朱理学的恢复、传播并使之发扬光大，贡献了自己的全部聪明才智。

哭祭，有从数千里之外到许衡墓前哭祭的。

作为元朝杰出的思想家，许衡在为官时发挥了重要的作用。许衡认为，应该实行儒家的仁政以获得民心，而获得民心的关键，则在于实行"汉法"。因此，他向元世祖建议要重视农桑，广兴学校，以实行汉人的办法作为立国规模。

元世祖采纳了许衡的建议。由于这一"立国规模"的确定，中原广大地区社会秩序得到恢复，生产得到发展，人民生活得到安定。

许衡还曾与刘秉忠、张文谦等一起定官制、立朝仪，对元初政局稳定、经济生产的恢复起了积极作用。许衡长期担任国子监祭酒，主持教育工作，承宣教化，不遗余力。他以教育英才为宗旨，故其门下不仅有汉族学生，还有不少蒙古族弟子。他施教原则是循循善诱，潜移默化。

在他的辛勤教育下，一些不懂得汉文的蒙古贵族子弟也都成为了尊师敬教的优秀儒生。许衡通过传道授业，对于当时汉、蒙文化的融合和交流做出了卓越的贡献。

此外，《授时历》并非是郭守敬一个人的"发明"和"专利"，它凝聚了包括许衡在内的许多人的

张文谦（1216—1283），字仲谦，邢州沙河，即今河北省邢台人。元初紫金山学派的代表人物，元世祖忽必烈幕府重臣。他在元朝统一、元初经济恢复发展、制订《授时历》等方面有着不可磨灭的贡献。

■ 刘秉忠（1216—1274），初名侃，字仲晦，号藏春散人，邢州人，即今河北省邢台市人。元代政治家、作家。拜光禄大夫太保，参领中书省事，改名秉忠。忽必烈即位后，国家典章制度，刘秉忠都参与设计草定。

■ 郭守敬（1231—1316），字若思，顺德邢台人，即今河北省邢台人。元朝天文学家、数学家、水利专家和仪器制造专家。1276年郭守敬修订新历法，经4年时间制定出《授时历》，通行360多年。是当时世界上最先进的一种历法。

心血和汗水。许衡博学多才，在天文学方面有较高的造诣，参与制定了我国历史上使用时间最长的这部历法。所以，制定《授时历》，许衡也是功不可没的。

许衡在理学方面的建树尤为的突出。许衡理学虽本于程朱的理学，但不重玄奥隐僻之理，而强调道德践履。

他认为："道"在日用行事中，不是高远难行之事，并提出"盐米细事"也应当讲究。他在苏门山时就注重约束自己的言行，粟米熟时就吃，粟米不熟时就吃糠核菜茄；庭院中水果熟透坠地，从那里过也目不斜视，连他家里人也教化成这样；有了余财，就分给族人以及学生中贫穷的人；别人有所赠与，哪怕是

《授时历》 为1281年实施的历法名，因元世祖忽必烈封赐而得名，原著及史书均称其为《授时历经》。其法以365.2425日为一岁，距近代观测值365.2422仅差26秒，精度与公历（指1582年《格里高利历》）相当，但比西方早采用了300多年。当时元世祖命许衡"领太史院事"，全面负责这一工作。

一分一毫不义之财，也绝不接受。

在心性问题上，许衡在同意朱熹格物致知见解的同时，他认为，人们只要坚持不懈，即使是至愚人，其内在的自然良知也能够得到发展和扩大。

他还提出心与天同的天人合一论，强调自省自思的认识和修养方法，认为这样就可以尽心，知性，知天。许衡知行并论的观点，提倡积极主动地进行心性修养，自我完善，此说成为后来王学"知行合一"论的先声。

许衡潜心研习朱熹修身正心学说后，总结出一套理学修身的正心诚意之道。

许衡将人的心体动静变化分为3个阶段，并明确说明不同阶段应该如何恪守天理，去除人欲。

一是心体未发之前，应当持敬。此时要身心收敛，气不粗暴，警惕非分不义的人欲产生。

二是心体将发而未发阶段，这时的人欲处于完全萌发之际，心境要谨慎。此时心与外物刚刚接触，是个非常要紧的"一念方动，非善即恶"的时刻，因为一个人的善恶均是始于一念之差而造成的。

三是意念心已发阶段。此时的心动要内省，通过自省自悟的内在主观力量来实现，即

良知 儒家称人类先天具有的道德意识。明代王守仁《传习录》卷中记载："若鄙人所谓致知格物者，致吾心之良知於事事物物也。吾心之良知，即所谓天理也。致吾心良知之天理於事事物物，则事事物物皆得其理矣。"

意念 意念属于潜意识系统。它是没有识神思维过程的人脑潜在功能的轻度活跃，具有"穿透力"。所谓识神是人脑的浅层功能。意念"舍弃"了一切中间环节，即舍弃识神的参与。

■ 元代墨竹图

运用心体自身所具有的良知善端，通过恪物至知去认识永恒不变的天理和应当遵循的道德，穷理尽性知命知义。

许衡在政治上主张积极入世，使宋理学注入了务实的理念。

在许衡看来，理学之道只有贴近生活，接近实际才具有切实的意义。他注重国计民生，关心"盐米细事"，这无疑是对宋理学的充实，这使先前空谈心性的学风有所改观。

许衡是元代传播理学的主要人物。他主持元初国学时，为扩大理学为主的汉文化对蒙古族的影响，以及对蒙汉文化的交流与发展做出了积极的贡献。

思想宗师

先贤思想与智慧精华

阅读链接

《元史》记载，许衡生于金末元初的乱世。1232年，蒙古兵的铁蹄踏进新郑，24岁的许衡跟随众人逃难，途中便发生了这样一个故事：许衡盛夏行路时因天气炎热，口渴难耐，路边正好有一棵梨树，路人纷纷去摘梨吃，唯独许衡静坐树下不动。

有人不解地问："何不摘梨解渴？"

许衡答曰："不是自己的梨，岂能乱摘！"

那人笑其迂腐："世道这么乱，梨树哪有主人！"

许衡正色道："梨虽无主，难道我们的心也无主了吗？"

从山东迁转到河北，人们见到他有德行，都愿意跟随他。

有道是"肚子饿是最大的真理"，身为难民，许衡仍然能够做到"义不摘梨"，这实在是一种难能可贵的境界。这种境界，绝非常人所能为。

哲学巨人

　　明清两代是我国历史上的近世时期。在此时期，君主专制制度的加强和资本主义的萌芽，在思想领域引起强烈反响，其代表人物就是王守仁、黄宗羲、顾炎武和王夫之。

　　他们目睹了明朝的灭亡，感受了社会的动乱和危机，这就促使他们进行反思和批判。在主客观因素的影响下，思想巨星苦心孤诣，将传统儒学发展到了一个新的阶段。

著名心学大师王守仁

王守仁（1472—1529），幼名云，字伯安，号阳明，人称王阳明。生于浙江承宣布政使司绍兴府余姚县，即今浙江省余姚市。谥号"文成"。明代最著名的思想家、教育家、文学家、书法家、哲学家和军事家。心学之集大成者，是屈指可数的几位既有"立德""立言"，又有"立功"的人，其德其行至今仍受到读书人的敬仰，可见其巨大的人格魅力。

他的学术思想在我国、日本、朝鲜半岛以及东南亚国家乃至全球都有着非常重要而深远的影响。

■ 心学大师王守仁画像

■明代授官图

　　王守仁自幼聪明，非常好学，但不止限于四书五经，而且也很喜欢其他书籍。他从年少时代起就从不循规蹈矩，所有记载都说他自少"豪迈不羁"。十四五岁时就决心要做一番事业。此后刻苦学习，学业大进，骑、射、兵法，日趋精通。

　　1499年，王守仁考取进士，授兵部主事。当时，朝廷上下都知道他是博学之士。王守仁做了3年兵部主事。

　　1508年，他因反对宦官刘瑾被廷杖四十，贬谪贵州龙场驿丞。龙场地处深山丛中，不仅毒虫瘴气到处都是，而且环境闭塞、语言不通，连住的地方也没有。在这样艰难困苦环境中，王守仁日夜端坐，静思默想，极力忘掉个人死生荣辱遭遇。

　　一天夜里，王守仁忽然悟出：做圣人的道理本来就在每个人的人性中自满自足地存在着，既然这样，又何必再向外学习，求什么知识和学问呢！他高兴得大叫起来，惊醒了同伴；又默记过去自己所读的

天理 儒家把天理看作是本然之性。程朱理学将"天理"引申为"天理之性",是"仁、义、礼、智"的总和,即封建的伦理纲常。他们还把"天理"与"人欲"相对立,成为一种禁欲主义的压抑人性的主张。

经书,也竟然全记得。这就是王守仁以后常提的"龙场悟道"。

通过这件事,他深深体验到在个人内心中进行封建道德修养的作用。

刘瑾被诛后,王守仁任庐陵县知事,累进南太仆寺少卿。1516年,擢右金都御史,继任南赣巡抚。他上马治军,下马治民,文官掌兵符,集文武谋略于一身,做事智敏,用兵神速。后拜南京兵部尚书,封"新建伯"。后因功高遭忌,辞官回乡讲学,在绍兴、余姚一带创建书院,宣讲"王学"。

1529年1月9日,王守仁因肺炎病逝于江西南安舟中。在临终之际,他身边学生问他有何遗言,他说:"此心光明,亦复何言!"

去世后被追谥"文成",后又追封为新建侯,1584年从祀于孔庙。

王守仁38岁时,即龙场悟出道的第二年,当地管理教育的官员聘请他主持贵阳书院,讲学授徒。在此期间,他提出了"知行合一"思想。

■ 王守仁书法

这是王守仁心学哲学确立和发展时期的重要思想

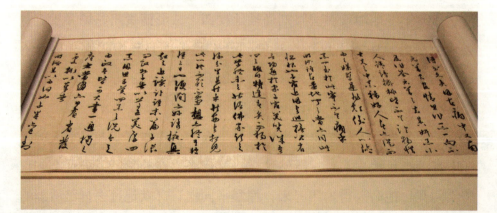

■ 从祀 即跟着被祭祀。孔庙祭祀的从祀，始于东汉时的七十二年，当时从祀者为72弟子。唐贞观二十一年，即647年，太宗李世民以左丘明、公羊高等22人配享，首开先儒从祀于国学的先例。孔庙配享的先贤、先儒都是历代儒家学派中的著名人物。

之一，也是王守仁哲学思想的"立言宗旨"和最值得重视的部分。"知行合一"的提法，为王守仁首创，是他在吸收和改造程颐知先行后，知而必行思想的基础上提出的。

王守仁的"知行合一"首先是针对朱熹而发的，他认为朱熹把心和理分离开而当作两回事，离心而求理，因而造成知行割裂的弊病。

他指出，所谓"知"，主要是指人的道德意识和思想意念，是人先天固有的"良知"的自我体认；所谓"行"，主要是指人的道德行为，是良知的实际表现。因此，知行关系主要是指道德意识和道德践履的关系，也包括一些思想意念和实际活动的关系。

对王守仁的"知行合一"可以从几个不同方面说明：

首先，既然人心就是天理，是万事万物的主宰，那么，知与行便都统一在心和良知的基础上。因此有知就有行，知就是行，可以做到以知代行。

其次，知行相互包含，彼此融会贯通，行中有知，知中有行，行在知在，知在行在。

再次，由知到行是无矛盾、无过程的必然趋势，因为每个人的天理之心是生生不息的，如果不被私欲隔断，必然要贯彻到事物中去，必然要表

■ 王守仁朝服像

现为行,这是良知自然而然向外显现的结果;只有行才可称为知。

王守仁也承认行而后知的情况,如人有出家旅行的要求,就应去了解行程;而亲身走过了路之后,就可知路到底如何了,这个知就是真知的意思。

王守仁批评了知行脱节、知而不行的谬论,认为如果把知行分成两个,那是失去了良知本体,陷入胡来,溺于不行,这都有违圣人之教。

王守仁的"知行合一"说在我国哲学史上有重要的意义。它第一次明确地规定了"知"与"行"这两个概念是统一的、不可分离的,为后来唯物主义和启蒙思想的发展提供了有益的思想资料。

本体 即事物的原样或自身。本体就是本源。我国古代哲学家老子在《道德经》中指出:"道"具有产生天地万物的能力,是天地万物的母亲,是天地万物的根源或来源。"有名"和"无名"是"道"的两个具体存在和表现形式。

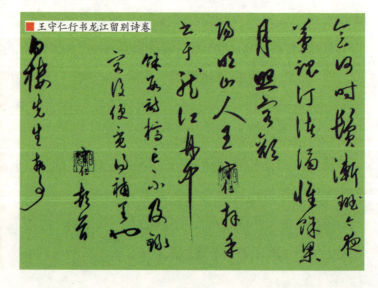

■ 王守仁行书龙江留别诗卷

王守仁经历过百死千难的人生体验，在晚年对自己哲学思想的全面概括，即"无善无恶心之体，有善有恶意之动，知善知恶是良知，为善去恶是格物"。这就是他的"四句教"。

一个人没有私心物欲的遮蔽的心，这是天理，也是我们追求的境界。人心开始时无善无恶，当人们产生意念活动的时候，把这种意念加在事物上，这种意念就有了好恶、善恶的差别，事物就有就有中和不中。即符合天理和不符合天理，中者善，不中者恶。

■ 王守仁碑刻

良知虽然无善无恶，但却自在地知善知恶，这是知的本体。一切学问，修养归结到一点，就是要为善去恶，即以良知为标准，按照自己的良知去行动。

努力使自己的心回到无善无恶的状态；回到无善无恶的状态了，才能有正确的良知，才能正确地格物。什么是有理？只要格物致知来达到一颗没有私心物欲的心，心中的理其实也就是世间万物的理。天理不是靠空谈的，是靠实践，靠自省，即"知行合一"，天理就在人的心中。

这是王守仁所追求的人生境界，即是"真乐"或

格物 意为穷究事物的道理或纠正人的行为，"格"在这里有"穷究"的意思。格物致知是我国古代儒家思想的一个重要概念，后来成为认识论的重要问题。其最早出现在《礼记·大学》中："致知在格物，物格而后知至。"

阳明祠石刻

"真吾"状态。这种境界是超凡脱俗，摆脱个人名利毁誉贫富束缚的自由状态。在这种"至乐"境界之中，人会逍遥于"人生山水"之间，实现社会与自然、理性与感性、美与善相统一，达到了一种活泼泼的怡悦的高度自由的精神境界。

王守仁建立了一套心学哲学体系，集我国古代主观唯心主义学说之大成，为革新的人们解除了思想束缚，对我国早期启蒙思潮的兴起和发展起到了促进作用，对我国思想界影响深远。

阅读链接

王守仁的生母在他13岁时去世，后母虐待他。

他就在街上买了一只猫头鹰，偷偷地放到后母的被窝里。又收买了一个巫婆，一起预谋。后母一钻进被窝，鸟受惊发出怪声，四处乱飞。当时的风俗厌恶野鸟飞进屋内，特别对叫声难听的鸟更是如此，被视为不祥的征兆。

后母就问巫婆吉凶。

巫婆便按事先预谋好的说，守仁的生母附体于巫婆，因为你虐待守仁了，她求神来取你的命，这鸟就是她的化身。

后母听了，吓得浑身发抖，此后再也不敢虐待王守仁了。

思想启蒙之父黄宗羲

　　黄宗羲（1610—1695），字太冲，一字德冰，号南雷，别号梨洲老人、古藏室史臣等，学者称梨洲先生。浙江绍兴府余姚县人。是明末清初时的经学家、史学家、思想家、地理学家、天文历算学家、教育家。

　　黄宗羲学问极博，思想深邃，著作宏富，与顾炎武、王夫之并称明末清初的三大思想家；与弟黄宗炎、黄宗会号称浙东三黄；与顾炎武、方以智、王夫之、朱舜水并称"明末清初五大家"，亦有"中国思想启蒙之父"之誉。与陕西周至李颙、直隶容城孙奇峰并称"海内三大鸿儒"。

■ 思想启蒙之父黄宗羲画像

东林党 明代晚期以江南士大夫为主的政治集团。1604年，顾宪成等修复宋代杨时讲学的东林书院，与高攀龙等讲学其中，其言论被称为清议，形成了广泛社会影响。时人称之为东林党。与东林党政见不合的还有"秦党""浙党"等，都是以首领的籍贯命名的。

阉党 明代依附于宦官权势的官僚所结成的政治派别。明熹宗时，大宦官魏忠贤专权，一大批朝官依附其权势，形成明代最大的阉党集团。阉党是明代中后期，在文官士绅商人利益集团逐渐腐蚀国家政权的背景下，是大明皇帝为巩固皇权，反抗文官势力的主要力量。

黄宗羲出身于官僚地主家庭。他从14岁起跟随父亲住在京城，经常看到父亲与东林党的领袖人物在一起议论时局，商讨对付阉党的办法。

父辈那种忧国忧民的精神深深地感染着黄宗羲，同时从父辈的谈话中，他也了解到朝廷中的许多黑暗内幕、丑恶现象，这使他从小养成了爱恨分明、疾恶如仇的性格。他发愤为学，从师著名学者刘宗周，广读诗文经书，学问渊博。

从20岁起，黄宗羲参加了许多社会活动，如加入复社和诗社等，大大开阔了视野，感悟更为深刻。清兵南下，他招募义兵，成立"世忠营"，几次与清兵进行作战。

后遭清政府通缉，加之家祸迭起，黄宗羲隐居起来。他潜心读史，探讨救国济世的实学，总结历史上的经验教训，开始了最后几十年勤奋著述、讲学授业的生涯。

1663年，54岁的黄宗羲写下了具有划时代意义的反帝制的光辉著作《明夷待访录》。这本书是代表他的社会政治思想的一部力作。本书以封建末世的社会矛盾为背景，无情地揭露和批判了封建君主专制制度的罪恶。

黄宗羲在《原君》篇中说，君主的最初确立，是由于天下兴公利、除公害的需要。上古时代，有生之初，人各自私，人各自利。

这时候有一种人，他们不以自己的私利为利，而力求使天下人得到利益，不以自己的私害为害，而愿

清代贵族画像

意为天下人除害。于是他们受到了人民的拥护，被推戴为君主。因此，君主与万民的关系应该是"以天下为主，君为客"，君主所做的一切都应是为了有利于天下人。

但是，后世的君主以为自己掌握了天下利害的决定权，他们一心要独占一切利益，把害处都推给别人，他们强迫天下人民为他一人服务，以为这就是大公，其实这只是君主一己的大私而已。

正是这种后来逐渐形成的专制君主制度，使得皇帝把一家的私利与千万人的利害对立起来，因此造成了社会的种种恶果和弊端。

黄宗羲认为，天下唯一的大害就是君，如果没有君，人们就都能各得其所、安居乐业了。因此，天下人怨恨君主是应该的，把君主看作寇仇，称为独夫也

刘宗周（1578—1645），字起东，别号念台，绍兴府山阴，即今浙江省绍兴人，因讲学于山阴蕺山，学者称蕺山先生。明代最后一位儒学大师，也是宋明理学（心学）的殿军。有人认为，刘宗周之后，中华民族和文化的命脉都发生了危机并延续至今。

是合理的。

黄宗羲对封建君主制的否定是大胆的，他批判君主的私利，而肯定了天下人的私利是合理的，这已初步具有民主思想。

黄宗羲还批判了君主制下的封建特权法律。《原法》篇说："如今所谓法者，不过是一家之法，而非天下之法。"

封建社会的法律，目的在于维护封建社会的等级特权，封建社会的统治者，唯恐自己政权的命运不长久，预先考虑了一些防备的方法，这就是"法"。

黄宗羲认为，只有打破封建君主的一家之法，才能产生公天下之利的"天下之法"，才能有正当的法制，并依法办事，治理天下。

黄宗羲还揭露封建官吏制度的实质，并对君臣关系提出了新的见解。

■ 清代官吏画像

黄宗羲认为，在君主专制的官僚制度下，所谓臣只不过是对君主一家一姓负责的仆妾，是君主的奔走服役之人。他们把管理天下当作君主的私权，把人民创造的财富看作君主的私产，视天下的人民为人君囊中的私物。他们穷凶极恶地为皇帝敲剥天下的百姓，以求得君主的

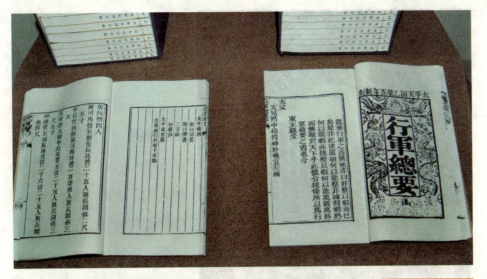

■ 清代兵书

欢心，把民生的憔悴视为纤芥之疾，全然不顾人民的死活。这样的官吏，理应被人民所抛弃。

黄宗羲指出，臣不应当是君之臣，不能私其一人一姓。臣的出仕，不是为了皇帝一姓，而是为了万民。黄宗羲这种观点打破了君为臣纲的传统思想，具有君臣平等的思想意识。

批判现实是为了设计未来，把国家由黑暗引向光明。在《明夷待访录》中，黄宗羲还总结历史经验，大胆地提出了自己的社会改革方案，主张限制君权，设宰相制，授田于民和工商皆本。

黄宗羲的《明夷待访录》把批判的矛头直接指向封建社会的最高统治者君主，猛烈地抨击封建君权、封建吏制、封建法律、封建专制主义，要求有一定的民主权利，显示了他敏锐的政治目光和敢于批判旧传统、旧制度的斗争精神。他的思想对以后的反专制斗争起了积极的推动作用。

黄宗羲在1676年完稿的《明儒学案》中，全面地

宰相 是我国古代最高行政长官的通称。"宰"的意思是主宰，商朝时为管理家务和奴隶之官；周朝有执掌国政的太宰，也有掌贵族家务的家宰、掌管一邑的邑宰，实已为官的通称。"相"，本为相礼之人，字义有辅佐之意。宰相联称，始见于《韩非子·显学》，但只有辽代以其为正式官名。

阐述了他的理气观，反映了朴素的唯物主义思想。

首先，他在《明儒学案》中指出，宇宙万物都是由物质的"气"所构成，气是客观存在的，它主宰着一切，世界上的一切人、一切事物都是由气产生的。不仅如此，气还亘古越今，永远存在。

他主张，如果不承认气主宰一切，怎么会有春夏秋冬的依次更替呢？他认为草木的荣枯、寒暑的转换、地理的差异、气象的变化以及人、物的发生、变化和死亡都是气主宰的。

■ 黄宗羲故居椅子

其次，黄宗羲批判了宋儒关于理先气后、理能生气的说法，指出理是气的理，没有气就没有理。

他强调，从宇宙的整体看，气没有穷尽，理也没有穷尽，理和气都是永恒无限、无始无终的，二者相依相存，不能分开；从事物的运动变化来说，理是随着气的变化而变化的。

他进一步提出，理和气是不可分的。从物体的沉浮升降流动变化来说，这是气；而物体的沉浮升降流动变化的规则、秩序来说则是理。

最后，黄宗羲用唯物主义的观点解释了气、理、

本原 哲学上指万物的最初根源或构成世界的最根本实体，即指世界的来源和存在的根据。唯心主义认为世界的本原是精神，唯物主义认为世界的本原是物质。

心三者的关系，批判了那种把三者割裂开来的观点。他认为，离开作为宇宙万物本原的气，是无所谓理，无所谓心的。但他有时把心与气等同起来，有混淆精神与物质的倾向。

在人性善恶问题上，黄宗羲主张人性善论，他认为人和万物之性都是由气质决定的。他认为，万物有万性，同类则同性，人禀善气而生，有不忍人之性，所以人性是善的。

黄宗羲力主人性善论，但在现实生活中，他无法否认大量恶人存在的事实，当他无法解释这些恶性与善性并存的原因时，只好借助宋明理学的陈旧思想"存天理，去人欲"，把"恶"归之于"人欲"，由于人欲破坏了善性，所以他认为只有"去人欲"才可以"存善性"。

晚年的黄宗羲，已经成为一位德高望重、誉满全国的大学者。他的著作共有60余种，1300多卷，涉及史学、政治、哲学、经学、数学、地理、天文、历法、音乐和诗文等各个方面。

黄宗羲是明代的大哲学家，他的《明儒学案》是我国历史上第一部系统的哲学思想史。作为一个思想家和学者，黄宗羲为我们民族的学术文化发展做出了重要的贡献，也深深地影响着后人。

阅读链接

黄宗羲一生勤奋读书。在抗清斗争中，有一次被清兵围困，黄宗羲一面指挥士兵守寨等待援兵，一面还在船中研究历法。

到了60多岁，他的身体弱了，冬天经不住寒冷，就把棉被包在身上，两只脚放在火炉上取暖，手里拿着书，凑着闪烁不定的烛光看书。夏天天气酷热，蚊虫乱叮，黄宗羲却点着灯，坐在蚊帐里看书。80岁以后，黄宗羲老眼昏花，仍然读书不辍。他一边读一边在书上画上各种记号。

读书使他博学多识，最终成为一个大思想家。

清学开山始祖顾炎武

顾炎武（1613—1682），本名继坤，改名绛，字忠清；南都败后，改炎武，字宁人，号亭林，自署蒋山佣。苏州府昆山人。顾炎武被称作是清朝"开国儒师""清学开山"始祖，是著名经学家、史地学家、音韵学家。他与黄宗羲、王夫之并称"明末清初三大儒"。

他学问渊博，于国家典制、郡邑掌故、天文仪象、河漕、兵农及经史百家、音韵训诂之学，都有研究。晚年治经重考据，注意经世致用，开清代汉学风气。被誉为"清学开山始祖"。

■清学开山始祖顾炎武画像

顾炎武的家庭是江苏有名的四大富户之一，又是世代相传的书香门第。从他的高祖到他父辈，祖孙五代都做过明朝的大官。顾炎武的养母王氏也出生在官宦人家，是一位有学识的妇女。

顾炎武从小学习非常勤奋，3岁时，王氏就亲自教他读当时的儿童教育课本《小学》，还给他讲古代英雄的故事。10岁开始跟随祖父学孙子、吴子的兵法著作和《左传》《国语》《战国策》《史记》《资治通鉴》等书，14岁就考中了秀才。

■ 顾炎武画像

后来，他参加了明末有名的文学团体复社。从此，他的视野开阔了，开始关心国计民生的大事。

明朝灭亡以后，顾炎武接受了福王的招聘到南京担任兵部司务。可是，还不到一年。福王政权也灭亡了。顾炎武满怀亡国之恨，回到家乡组织义军抗清。

不久，清兵攻占了昆山，顾炎武率义军奋战了4个昼夜，因为力量悬殊终于失败了。后来，顾炎武被清朝政府关进了监狱。多亏他的好朋友设法把他搭救出来。

顾炎武在家里难以立足，只好背井离乡，开始了长期的旅居生涯。以游为隐之后，顾炎武专心著述。

福王 （1607—1646），即南明弘光帝朱由崧。明神宗孙、福王朱常洵长子。昏庸腐朽，追逐声色，任用非人，置国事于不问。清兵南下占南京时，福王和官员们作鸟兽散。福王被抓住押回南京时，百姓夹道唾骂，可见这个政权已受人民的唾弃。

史局 即史馆。官署名。北齐始置。清置国史馆撰述国史，另于每帝死亡，新君继位后置实录馆编修前帝政令，事毕即撤。

君权 皇帝的权力。奴隶制、封建制国家通常实行君主专制制，皇帝拥有无限权力，凭借庞大的官僚机构统治人民。实行立宪制的资本主义国家，仍保留民主，但君权受到宪法的限制，这是资产阶级同封建势力妥协的结果。

对于清朝科举应试、清朝开办史局的征聘，甚至邀其南归，他都予以拒绝。

因此，他著述甚丰，据说他写的书稿，堆积得有自己身体那么高了。今天可以见到的近50种400多卷。其中《日知录》32卷，他一生为学所得，大都荟萃其中，有极高的学术价值。

在《日知录》中，最为可贵的是他所表现的有价值的民主思想和强烈的民族意识。顾炎武将神圣不可侵犯的君权，大胆地列入了自己的讨论研究范围。

在《日知录》卷24《君》中，他广泛征引历代载籍，以论证"君"并非封建帝王的专称。在古代，君为"上下之通称"，不唯天子可称君，就是人臣、诸侯、卿大夫，乃至府主、家主、父、舅等皆可称君。这样的论证，简直近乎在嘲弄封建帝王了。

在论君的基础上，顾炎武进而提出了反对"独治"，实行"众治"的主张。他认为，人君对于天下，不能搞"独治"，如果搞"独治"，则刑罚严

■ 顾炎武故居正门

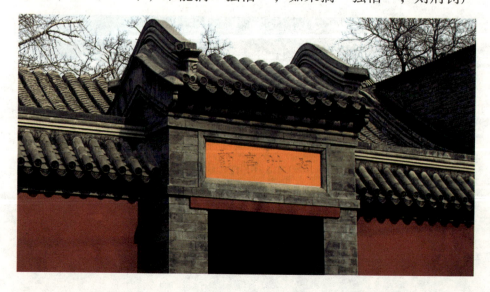

苟；搞"众治"则大不相同。顾炎武虽然没有否定君主制，但他对君权的大胆怀疑，并进而提出了"众治""以天下之权，寄天下之人"等主张，是十分难能可贵的。

顾炎武故居正堂

强烈的民族意识和爱国思想，也是顾炎武在《日知录》中反复阐述的"华裔之防"。这其实反映了他的社会政治思想。

在《日知录》中，顾炎武还对宋明理学、王阳明的心学，进行了猛烈的批判。在《日知录》中的《夫子之言性与天道》中，他指出：理学家们，言心言性，"以明心见性之空言，代修己治人之实学"，他认为这整日空谈，不习六艺之文，不考百王之典，不综当代之务，才引起了国家民族的危机，造成了明朝的灭亡。其危害之大，后果之严重，是极为痛心的。

顾炎武从政治上批判了心学的危害之外，还从哲学上指出心学的错误。他否定心的全能，但不否定人

心学 心学作为儒学的一门学派，最早可推溯自孟子，而北宋程颢开其端，南宋陆九渊则大启其门径，而与朱熹的理学分庭抗礼。至明朝，由王阳明首度提出"心学"两字，并提出心学的宗旨在於"致良知"。至此，心学开始有清晰而独立的学术脉络。

们主观意识的能动作用。

他强调"经世致用""引古筹今"，学习要为现实服务，人们要从外界的具体事物中去探求真理，而不能只从自己的头脑中寻求答案。

他认为，应该把天道性命等抽象的论述，还原于日常的经验之中，不要清谈妙悟，而要把着眼点放到探讨与国计民生有关的一些实际问题上，做些实实在在的事。

顾炎武还是一个唯物主义的思想家。他认为宇宙是物质构成的，强调要从具体的事物中探求真理，反对主观空想。他积极主张改革政治经济。

顾炎武不但是杰出学者，而且也是著名诗人。他诗歌根底深厚，于古人兼学并蓄，尤得力于杜诗。诗的内容大都是眷怀君国，感慨沧桑。诗风沉郁悲壮，慷慨苍凉，绝无敷衍应酬之作。所作众体兼备，七律尤为杜甫以后屈指可数的作者。其诗集有《亭林诗文集》。

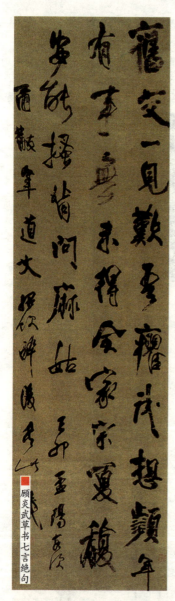

顾炎武草书七言绝句

除此以外，顾炎武在音韵学、考据学、训诂学、历史学、文学等方面，都有独到的见解和丰富的著述。

顾炎武45岁离家出走，在外面整整漂泊了25年。到了晚年，他定居在陕西华阴县，但仍然经常来往于河南、山西、陕西一带讲学。1682年，顾炎武旅经山西曲沃时不幸患病，不久与世长辞。

顾炎武为学以经世致用的鲜明旨趣，朴实归纳的考据方法，创辟

■ 杜诗 这里指杜甫的诗歌。作为唐代伟大的现实主义诗人，杜甫一生写下了1000多首诗，其中著名的有《三吏》《三别》《兵车行》《茅屋为秋风所破歌》《丽人行》《春望》等，深刻地反映了当时的社会现实，对后人产生了深远的影响。

路径的探索精神，以及他在众多学术领域的成就，宣告了晚明空疏学风的终结，开启了一代朴实学风的先路，给予清代学者以极为有益的影响。同时，顾炎武的道德学问、治学精神、思想方法，对后世都产生了深远的影响。

后世学者，发扬其治学精神，继承他的治学方法，沿着他开辟的路径走下去，取得了清代学术文化多方面的成果。

此外，顾炎武还注意到了人心所潜在力量对社会面貌的重大影响，注意到了端正人们精神面貌在变乱世为治世过程中的重要地位，这一切也给后世以有益的启示。

阅读链接

顾炎武晚年时，年轻的康熙皇帝为了把汉族地主中的学者名流笼络起来，下令让各地荐举著名学者。

那时候，顾炎武已经是学术界的领袖人物了，荐举他的人当然很多，可是都被他拒绝了。

不久之后，大学士熊赐履主修明史，又写信聘请顾炎武。顾炎武派他在北京的学生去对熊赐履说："刀和绳都在这里，难道你非要逼死我不行吗？"

从此，再也没有人敢打顾炎武的主意了。

隐居思想家王夫之

王夫之（1619—1692），字而农，号姜斋，晚年隐居衡阳金兰乡石船山附近，学者称船山先生。明清之际湖南衡阳县人。古代朴素唯物主义思想的集大成者。与黄宗羲、顾炎武并称明末清初三大儒。王夫之的思想博大精深，自成体系，达到了我国古代朴素唯物主义发展史上的最高峰。

王夫之一生著述甚丰，其中以《读通鉴论》《宋论》为其代表之作。

王夫之一生主张经世致用的思想，坚决反对程朱理学，自谓："六经责我开生面，七尺从天乞活埋。"

■ 集朴素唯物主义大成者王夫之画像

王夫之出身于日趋没落的地主知识分子家庭，青年时代一方面眷恋着科举考试的旧路，另一方面关心动荡的时局。农民革命的风暴打破了他"学而优则仕"的梦幻。但他拒绝张献忠农民军的礼聘。

王夫之故居内小亭

明朝灭亡后，他于1648年在衡山举兵抗清，失败后退至肇庆，后任南明桂王府行人司小官，又到湘南一带过了几年流浪生活。晚年隐居衡阳石船山麓，在艰苦的条件下坚持从事学术研究。

他的著作被后人编为《船山遗书》，内容涉及哲学、政治、历史、文学等各方面，其中成就最大的要属哲学方面。他的主要著作有：《张子正蒙注》《周易外传》《尚书引义》《读四书大全说》《黄书》《噩梦》《思问录》《读通鉴论》《宋论》等。

在本体论方面，王夫之对"气"范畴给以新的哲学规定，对理气关系、道器关系问题，进行了较深入的理论探讨，做了明确的唯物主义解释。

王夫之认为，宇宙间充满了阴阳二气，除此之外，更无他物，也没有间隙。虚空充满了物质元气，气弥漫无边际，细小无形状。由于人们目力看不见它，便说是虚空。其实虚空就是气，有形的物是气构成的，无形的虚空也是气构成的，有形和无形，不过

道器 "道"和"器"是我国古代的一对哲学范畴。"道"是无形象的，含有规律和准则的意义；"器"是有形象的，指具体事物或名物制度。道器关系实即抽象道理与具体事物的关系，或相当于精神与物质的关系。

张献忠（1606—1647），字秉忠，号敬轩。明末农民起义领袖，曾建立大西政权。与李自成齐名。1646年，清军南下，张献忠引兵拒战，在西充凤凰山中箭而死。其人多有奇闻轶事流传，如入川屠蜀、江中沉宝等。对此史学界也一直存在争议。

发展观 必须坚持发展的观点看问题，也就是发展观。王夫之的发展观核心并不是斗争，而是平衡，平衡是事物发展的根本动力。一个事物在内部平衡被打破的时候才讲斗争，当这个事物处于相对平衡时，是不能强调斗争的。斗争只能使事物内部更加不平衡，此时谈发展就困难。

是气的聚、散和显、隐而已。

王夫之进而指出，气不仅是普遍的，无限的，也是永恒的，只有聚散而没有生灭。

在理与气的关系上，王夫之认为气是有理的，但理是气的内在规律，依凭于气，没有离气而独立存在的理。他批驳了程朱学派把理气分为气外有理、理主宰气的客观唯心主义观点，从而把人们的思想引导到客观的现实世界中来。

王夫之有着唯物主义道器观。王夫之提出"天下唯器"的学说。器，指具体的、有形象的事物，与此相对的道，即道理，指事物的规律和原则。他的道器关系论从理论根基上动摇了维持数百年的理学唯心主义权威，对后来唯物主义的发展产生了深远的影响。

在发展观方面，王夫之认为，变化是新旧不断更替的过程，新事物不是旧事物的重复，而是不断地清除自身当中旧的死亡的东西，不断地推陈出新。

■ 王夫之故居庭院

王夫之把事物运动变化的原因，明确地归结为事物内部的矛盾性，肯定矛盾的普遍性。矛盾双方互相逼迫、激烈搏斗的状态是"反常"的，而互相联合、贯通，保持同一性状态才是"正常"的。

但王夫之并不否认静止的意义和作用，以为相对的静止是万物得以形成的必要条件。阳变阴合的运动过程本身包含着动静两态：绝对的动，相对的静。这样，否定了主静说，又批判了割裂动静的各种形而上学的运动观，更深一层地阐述了动静两者的辩证联系。

■ 王夫之故居侧门

在王夫之看来，矛盾是相互转化的，有时会发生突变，但在更多的情况下，转化是在不断往复、消长中保持某种动态平衡而实现的。客观世界就是因为不断地更新，所以才能有无限的生机。

像日月那样发出新的光辉，像季节那样春秋交替，永远鼓励新的生命。这是他对社会现实的一种深刻的理论思考，具有深远的理论意义和现实意义。

王夫之对认识活动中的主体和客体、主观认识能力和客观认识对象加以明确的区分和规定，认为主观认识由客观对象的引发而产生，客观是第一性的，主观是客观的副本。从而抓住了认识论的核心问题，表述了反映论的基本原则。注重人的认识的能动性。

能动性 对外界或内部的刺激或影响作出积极的、有选择的反应或回答。人的能动性与无机物、有机生命体、高等动物的能动性有别，称为主观能动性。其特点是通过思维与实践的结合，主动地、自觉地、有目的地、有计划地反作用于外部世界。

在知行关系问题上，王夫之创造性地总结了古代知行思想，系统清算了宋明唯心主义对知行问题的歪曲，其思想达到了古代知行观的最高水准。

就人的认识来源说，王夫之认为，认识应该是"行先知后"。例如，人们对于饮食的认识只能从切身尝试中获得。就知、行而言，行比知更为重要。知是依靠行，通过行表现出来的，行却不是通过知来表现的。

一个人去行某件事，证明他对那种事是有所知的，而他知道某种事，却不能证明他就能行那种事。行，包含了知，可以获得知、体现知，而知并不能包含行。知而不行，就不能说他已经行了。

这是王夫之知行观中最重要的思想，它说明了认识必须依赖于实践，只有实践才能使人们获得功效。

王夫之强调行的重要性，启发人们要重视现实，鼓励人们积极实践。当然，他所谓行，还是指个人的道德践履和行为，与我们所说的社会实践是有区别的。

在历史观方面，王夫之认为，人类社会也是从低级进化到高级，从野蛮进化到文明，不断变化发展的。历来的唯心主义者把尧、舜及夏、商、周三代看作历史上最圣明的时代，而认为后来则一代不如一代，这是一种错误的历史倒退观点。

■王夫之墓

王夫之反对在历史运动之外去谈论"天命""神道""道统"主宰历史，他主张应该从历史本身去探索其固有的规律。王夫之沿用传统范畴，把"天"看作支配历史发展的决定力量，但他意识到了民心向背的巨大历史作用。在当时的历史条件下，王夫之想找到历史发展的真正动力还不太可能，但他能看到历史发展中有某种力量在起作用，鼓励人们去探索，这是很可贵的。

■ 船山祠

王夫之还研究了人性的问题，他反对先天人性论，认为人性是后天学习而成的。他提出人性是日生日成的。人在初生时接受了天赋的理性，而这种天赋须靠后天学习、培养才能起作用，如果没有人性的日生日成，那么随着岁月流逝，人会一天天忘掉自己本性的。

王夫之的"人性日生日成"理论批判了"存天理，去人欲"的禁欲主义思想。他认为，理、欲都出于自然，是由外物引起的，天理、人欲并非绝对对立，而是相互统一，天理在人欲之中，离开人欲无所谓天理。今日之"欲"可能成为他日之"理"，今日之"理"也可能成为他日之欲。他主张满足"人欲"，反对压抑"人欲"，这在当时是具有启蒙意义的思想。

王夫之对于美学问题的论述，不但直接见之于他的文艺批评著作《古诗评选》《唐诗评选》《明诗评选》等，而且见之于他的哲学著作《周易外传》《尚

美学 美学是哲学的一个分支。王夫之吸收了以孔、孟为代表的儒家美学思想的精华，又批判地继承了道家和佛教的美学思想，创造性地提出了易简、现量等美学观念，并将它们辩证地结合于其诗论、乐论和审美教育论当中，形成了一个充满辩证精神的严整的美学体系。

书引义》等。

王夫之在唯物主义哲学的基础上，认为美的事物就存在于宇宙之间，这种美并非一成不变的，而是在事物的矛盾、运动中产生和发展起来的。

王夫之很强调亲身经历对于美的艺术创造的重要性，认为作家所创造的艺术美，就是运动着的事物所产生的美经过审美主体择取淘选的一种创造。因此，对作家来说，最重要的是要"内极才情，外周物理"，要经作者主观艺术创造，去反映客观事物本质和规律。

此外，王夫之在文学创作中的文与质、意与势、真与假、空与实、形与神，以及"兴、观、群、怨"等诸多重要问题上，对于传统的美学思想都有新的发挥和阐述。

1692年正月初二，王夫之与世长辞，终年74岁。在探索振兴民族真理的艰难路途上，王夫之勇敢地战斗了一生。

思想宗师

先贤思想与智慧精华

阅读链接

王夫之为了事业和理想，从来矢志不渝。他晚年身体不好，生活又贫困，写作时连纸笔都要靠朋友周济。每日著述，以致腕不胜砚，指不胜笔。

在他71岁时，清政府官员来拜访这位大学者，想赠送些吃穿用品。

王夫之虽在病中，但不接受礼物，并写了一副对联，以表自己的情操："清风有意难留我，明月无心自照人。"清指清朝，明指明朝，王夫之在"气节与情操""高贵与低贱"面前，借这副对子表现了自己的晚节。